Curt Wachsmuth

Neue Beiträge zur Topographie von Athen

Curt Wachsmuth

Neue Beiträge zur Topographie von Athen

ISBN/EAN: 9783743604926

Hergestellt in Europa, USA, Kanada, Australien, Japan

Cover: Foto ©ninafisch / pixelio.de

Weitere Bücher finden Sie auf **www.hansebooks.com**

NEUE BEITRÄGE

ZUR

TOPOGRAPHIE VON ATHEN

VON

CURT WACHSMUTH.

Des XVIII. Bandes der Abhandlungen der philologisch-historischen Classe
der Königl. Sächsischen Gesellschaft der Wissenschaften

N° I.

LEIPZIG

BEI S. HIRZEL.

1897.

Das Manuscript eingeliefert am 10. November 1896.
Der Abdruck beendet am 20. December 1896.

I. Register.

ἀγῶνες χύτρινοι 41.
Anthesterien 38 ff.
Aphrodite Urania 19.
Apollon Hypakraios 49 f.
Aristot. Ἀθ. πολ. 3, 5 erläutert 37.
Artemis in Limnai 35.
ἄστυ 17 f.
Athen, s. Namen 7.

Βουκόλοι 37.
Brunnenplatz am Westabhang der Burg 25 f.
Bukoleion 37.

Delphinion 19.
Dionysion in Limnai 33 f.; s. Lage 46 ff.; ob identisch mit Lenaion 42 ff., 44 ff.
Dionysos-Heiligthum am Westabhang der Burg 34 ff.

Epilenaia 40.
ἐπιστάται, οἱ Ἐλευσινόθεν 10 A. 1.

Ge-Heiligthum, s. Lage 13 A. 1; s. Alter 15.

ὑπό τὴν ἀκρόπολιν od. πόλιν, s. Bedeutung 9.

Jobakchen 36 f.
Itonisches Thor, s. Lage 13 A. 1.

Καλάμαια, Καλαμαιών 41.
Kalamites Heros 43 f., 52 f.
Kallirrhoe-Enneakrunos 19 ff., 22 ff.
Keltern, Bauweise 38.
κλεισίον, κλίσιον 52 f.
Kronion 19.

λάληγες 48.
Lenäen 38 ff., 56; Zeit 39 f.
Lenaion 33 f.; ob identisch mit Dionysion in Limnai 42 ff., 44 ff.
ληνός in Eleusis 36 A. 2.
Limnai 48 f.

Olympieion, s. Alter 14 f.; s. Lage 50.

πόλις = ἀκρόπολις 8 A. 2.
πρός mit Akkusativ 16 f.
Pythion, s. Lage 13 A. 1, 19 f.; s. Alter 14.

Thukydides, s. Exkurse 6; s. Methode in urgeschichtl. Forschung 17 f.
Thukydides II 15, 3 ff.; kritisch behandelt 7 f.; erläutert 8 ff., 16 ff., 20 f.
Tyrannenmörder 29 f.

II. Inhaltsverzeichniss.

                       Seite

Einleitung . . . . 3—5
I. Das Thukydideische Urathen . . . . 5—24
II. Die Ausgrabungen am Westabhang der Burg . . . . 24—56
  1. Die vermeintliche Krene Enneakrunos . . . . 25—32
  2. Das vermeintliche Lenaion oder Dionysion ἐν Λίμναις . . . . . 33—56
  Darin drei Sonderuntersuchungen:
    a) Ist das Fest der Anthesterien mit dem der Lenäen identisch
      oder nicht? . . . . 38—41
    b) Was waren die ἀγῶνες χύτρινοι? 41
    c) Ist das Lenaion mit dem Dionysion in Limnai identisch? . . 42—46
Register 57

NEUE BEITRÄGE

ZUR

TOPOGRAPHIE VON ATHEN

VON

CURT WACHSMUTH.

Zweite Serie.

Das Thukydideische Urathen und die Dörpfeld'schen Ausgrabungen.

Jeder, dem es am Herzen liegt, von dem antiken Athen ein lebendiges und getreues Bild seiner städtischen Gestaltung zu gewinnen, muss sich dem Leiter der Ausgrabungen am Westabhang der Burg auf das wärmste verpflichtet fühlen. Seiner unübertrefflichen Energie und seiner technischen Meisterschaft verdanken wir die erste zusammenhängende und streng methodische Aufdeckung eines grösseren Theiles des athenischen Stadtgebietes ausserhalb der Burg und zwar eines besonders wichtigen: wir sind sicher, dass Nichts von dem, was der Boden und die Monumente bis zu den geringfügigsten baulichen Resten herunter lehren können, dem geschulten Auge und dem beobachtenden Scharfsinn entgangen ist. Hochbedeutende, darunter manche ganz unerwartete, Aufschlüsse haben denn auch die Ausgrabungen gebracht und sicher kann die Sprache, die die Monumente reden, keinen besseren Interpreten finden, als den leitenden Secretair unseres Instituts, der, auf griechischem Boden seit langen Jahren heimisch geworden, eine so vertraute, bis auf die feinsten Details sich erstreckende Kenntniss althellenischer Bauweise gewonnen hat, wie überhaupt noch kein Moderner. Hier können wir alle nur von ihm lernen.

Nun ist DÖRPFELD aber weiter gegangen und hat an die Ergebnisse seiner Ausgrabungen Folgerungen geknüpft, die ebenso sehr für die athenische Stadtgeschichte in ihren Anfängen, als zum Anderen für den Gang der athenischen Periegese des Pausanias an der kritischen Stelle, der sog. Enneakrunos-Episode, und damit für die gesammte Topographie Athens von grundstürzender Bedeutung sind:

wie denn die Absicht, für diese topographischen Fragen entscheidendes Material zu gewinnen, recht eigentlich den Impuls für die ganze Terrainuntersuchung gebildet hat. Auch mit diesen zu einem wohlgefügten Ring zusammengeschmiedeten Folgerungen hat er bei Vielen grossen Beifall gefunden, namentlich bei den Meisten, die an Ort und Stelle seine von einer festen Ueberzeugung getragenen und in eindringlicher Rede leicht gewinnenden Auseinandersetzungen anhören konnten. Doch hat es andrerseits auch an Widerspruch nicht gefehlt; die Polemik ist zum Theil bereits mit sich steigernder Lebhaftigkeit geführt worden [1]).

So fern mir nun persönlich jegliche Lust an topographischen Kontroversen liegt, so gern ich vielmehr es Anderen überliesse, den Kampf auszufechten, so wenig glaube ich doch mich der Verpflichtung einer Meinungsäusserung länger entziehen zu dürfen. Von beiden Seiten ist des Oefteren mein Name genannt worden; bei wiederholter Nachprüfung aller in Rede stehenden Probleme haben sich theilweise auch meine eigenen Ansichten geändert, so dass ich jetzt in einzelnen Punkten mich gegen die, die sich auf mich berufen, d. h. gegen mich selbst erklären muss. Zudem besitzt die ganze Streitfrage, wenn man ihr mit der nöthigen Unbefangenheit gegenüber steht, ein nicht geringes methodisches Interesse und von irgend welcher Voreingenommenheit weiss ich mich frei; habe ich doch im Laufe der Jahre

---

1) Die Berichte Dörpfeld's über seine Ausgrabungen stehen in Ath. Mitth. XVI. S. 443 ff., XVII. S. 439 ff., XVIII. S. 231 ff., XIX. S. 143 ff.; dann die ausführlichere Darstellung ebd. XIX. S. 196 ff. und XX. S. 161 ff. Gegen Dörpfeld's Auslegung der Thukydidesstelle wandte sich Stahl. im Rhein. Mus. L. S. 566 ff., dem Dörpfeld ebd. LI. S. 127 ff. replicirte, indem er auf seinem Standpunkt verharrte, dass die Resultate seiner Ausgrabungen zu seinen Gunsten entschieden. Darauf hat sowohl Stahl selbst ebd. LI. S. 306 ff. erwiedert, nicht minder bei seiner Meinung verbleibend, als Milchhöfer in Philolog. IV. F. IX. S. 170 ff., der sich gleichfalls für die alte Auffassung ausspricht. Endlich hat Belger sich erst gegen Dörpfeld's neue Auslegung von Thukydides erklärt in Berliner Philol. Wochenschr. 1894 Sp. 94 ff., dann die specielle Enneakrunos-Frage wiederholt diskutirt, einmal in einem Vortrage in der Märzsitzung 1895 der Berliner Archäol. Gesellsch. (Jahrb. d. Arch. Inst. X., Anzeiger S. 110 ff., Phil. Wochenschr. 1895 Nr. 26. 27. 28), und nach Dörpfeld's Entgegnung (Jahrb. XI., Anzeiger S. 18 ff.) in einer ausführlichen Replik in der Novembersitzung 1895 ders. Ges. (ebd. XI. Anz. S. 21 ff. und Philol. Wochenschr. 1896 Sp. 123 f. u. 159) und in der Februarsitzung ders. Ges. 1896 (Jahrb. XI., Anz. S. 40 ff.).

bei immer erneuten gewissenhaftesten Erwägungen meinerseits die verschiedensten Wandlungen durchlaufen; selbst das sehr begreifliche Verlangen, diese unendliche Frage jetzt endlich zum Abschluss zu bringen, ist bei mir geduldigem Bescheiden gewichen. Ich will nur sehen, wie weit wir jetzt sicher gelangen können, und die Punkte, die mit Bestimmtheit noch nicht lösbar sind, ruhig bezeichnen, weitere Aufklärung von der Zukunft erwartend, auch auf die Gefahr hin, dass sie erst denen zu Gute kommt, die nach mir die Untersuchung wieder aufnehmen werden. Vor allem aber möchte ich dazu beitragen, die Einsicht zu bekräftigen, dass dieses, wie jedes Problem der Alterthumswissenschaft, zu einem sicheren Ergebniss nur geführt werden kann, wenn man alle vorhandenen Quellen je nach Charakter und Art voll zu Worte kommen lässt, auch die scheinbar widerstrebendsten Zeugnisse, wenn sie nur an sich glaubwürdig sind, nicht dialektisch verschiebt oder leise abwandelt oder gänzlich bei Seite drängt, noch weniger aber einen Konflikt aufkommen lässt zwischen den verschiedenen Methoden, mit denen die einzelnen Disciplinen, entsprechend der Verschiedenheit des Objektes, das sie zu behandeln haben, operiren und operiren müssen.

I. Das Thukydideische Urathen.

Da auch die jetzigen Ausgrabungen weder Inschriften noch andere Anhaltspunkte zu Tage gefördert haben, die über den Namen der blossgelegten Brunnenanlage und des benachbarten Heiligthums unzweifelhafte Aufklärung ergäben, so müssen wir noch immer ausgehen von dem klassischen Zeugniss des Thukydides II. 15, 3. Denn so gewiss auch der grosse Geschichtschreiber in seinen historischen Kombinationen irren konnte, seine rein topographischen Angaben, d. h. Aeusserungen oder Andeutungen über die Lage von Heiligthümern oder Stiftungen seiner Vaterstadt, haben Anspruch auf unbedingte Glaubwürdigkeit: es kommt eben nur darauf an, dass wir sie richtig verstehen.

Jedoch haben seine Auslassungen über das vortheseische Athen durchaus nicht bloss topographische Bedeutung: sie bieten vielmehr eine der merkwürdigsten Bethätigungen seines historischen Sinnes, den wir um so mehr bewundern müssen, als er im ganzen Alterthum einfach nicht seines Gleichen hat¹). Lange und ernsthaft hat diesen überlegenen Geist die Frage beschäftigt, wie es möglich sei, über die ältesten Perioden der griechischen Geschichte, die sogenannten Sagenzeiten, für die es an eigentlicher Ueberlieferung in der Litteratur völlig fehlte, zuverlässige Aufschlüsse zu gewinnen. Die Ergebnisse seiner wissenschaftlichen Forschung pflegte Thukydides aber nicht bloss in grösserem Zusammenhang vorzulegen, wie die hier einschlagenden in der sogenannten Archaiologie I. K. 1 ff.; wiederholt benutzte er auch eine sich bequem bietende Gelegenheit zu einem grösseren oder geringeren Exkurse, um die überraschenden Resultate methodischer Kritik, die er gefunden, mitzutheilen²). So lag ihm auch am Herzen, als er gerade vom theseischen Synoikismos zu reden hatte, auszusprechen, was er durch eine ganz originelle Kombination über das vortheseische Athen herausbekommen zu haben glaubte. Lediglich als ein solcher Exkurs³) will also die mit δὲ angeknüpfte Ausführung des Historikers angesehen sein; ich lasse sie selbst zunächst in ihrem ganzen Wortlaute folgen:

τὸ δὲ πρὸ τούτου ἡ ἀκρόπολις ἡ νῦν οὖσα πόλις ἦν καὶ τὸ ὑπ' αὐτὴν πρὸς νότον μάλιστα τετραμμένον. τεκμήριον δέ· τὰ γὰρ ἱερὰ ἐν αὐτῇ τῇ ἀκροπόλει (τὰ ἀρχαῖα (oder ἀρχαιότατα) τῆς τε Πολιάδος) καὶ ἄλλων θεῶν ἐστι· καὶ τὰ ἔξω πρὸς τοῦτο τὸ μέρος τῆς πόλεως

---

1) Wenn LOSCHKE, Vermuth. z. gr. Kunstg. u. z. Topogr. Athens (Dorpater Progr. 1884) S. 12 meint: 'Seinen (des Thuk.) Exkurs über die Anfänge Athens, der die ältesten Niederlassungen auf der Burg und südöstlich derselben suchte, kann ich nur als Polemik gegen die nach Pheidias Zeugniss im perikleischen Zeitalter herrschende Meinung fassen, dass die Spuren der ältesten Bewohner in den Felsarbeiten Melite's zu finden seien', so ist ja die Basis dieser ganzen Annahme, die Deutung der bekannten Gruppe am Westgiebel des Parthenon als Melite im Schoosse des Herakles, längst als hinfällig erkannt. Davon aber ganz abgesehen meine ich, dass herrschende topographische Meinungen über die ersten Anfänge der athenischen Stadtgeschichte zur Zeit des Thukydides überhaupt noch gar nicht existirten, wenn man sich auch selbstverständlich immer die ältesten Könige auf der Burg residirend dachte.

2) Vgl. Einl. in d. Stud. d. a. Gesch. S. 514.

3) Es ist also nicht zutreffend, wenn DÖRPFELD wiederholt einen starken Accent darauf legt, dass Thukydides mit allem Einzelnen den Nachweis für die vorher behauptete Kleinheit des ältesten Athen führen wolle. Das Interesse, das diesen Exkurs hervorgerufen hat, steht mit jener Behauptung nur in äusserlichem Zusammenhange.

₅ μᾶλλον ἵδρυται, τό τε τοῦ Διὸς τοῦ Ὀλυμπίου καὶ τὸ Πύθιον καὶ τὸ τῆς Γῆς καὶ τὸ (τοῦ) ἐν Λίμναις Διονύσου, ᾧ τὰ ἀρχαιότερα Διονύσια [τῇ δωδεκάτῃ] ποιεῖται ἐν μηνὶ Ἀνθεστηριῶνι, ὥσπερ καὶ οἱ ἀπ' Ἀθηναίων Ἴωνες ἔτι καὶ νῦν νομίζουσιν. ἵδρυται δὲ καὶ ἄλλα ἱερὰ ταύτῃ ἀρχαῖα· καὶ τῇ κρήνῃ, τῇ νῦν μὲν τῶν τυράννων οὕτω σκευασάντων Ἐννεα-
₁₀ κρούνῳ καλουμένῃ, τὸ δὲ πάλαι φανερῶν τῶν πηγῶν οὐσῶν Καλλιρρόῃ ὠνομα(σ)μένῃ, ἐκείνῃ τε ἐγγὺς οὔσῃ, τὰ πλείστου ἄξια ἐχρῶντο καὶ νῦν ἔτι ἀπὸ τοῦ ἀρχαίου πρό τε γαμικῶν καὶ ἐς ἄλλα τῶν ἱερῶν νομίζεται τῷ ὕδατι χρῆσθαι. καλεῖται δὲ διὰ τὴν παλαιὰν ταύτῃ κατοίκησιν καὶ ἡ ἀκρόπολις μέχρι τοῦδε ἔτι ὑπ' Ἀθηναίων πόλις.

Textkritisch wäre dazu gleich noch Viererlei zu bemerken. Einmal ist längst erkannt, dass in unseren Hdschr. der mit τὰ γὰρ ἱερὰ (Z. 2) anhebende Satz eine Einbusse erlitten hat, und dass jetzt die nach dem ganzen Gang der Argumentation unerlässliche Bezeichnung des hohen Alters der Heiligthümer ebensowohl fehlt, als die Nennung mindestens der Gottheit, von der die Stadt selbst den Namen hat [1], die also, wenn irgend eine, den Athenern als ursprünglich verehrt gelten musste. Was sonst die Lücke verschlungen haben mag, ist nicht auszumachen; ebensowenig vermag man den Wortlaut dessen, was ausgefallen ist, zu garantiren: aber über den Sinn kann kein Zweifel sein [2].

Zum Anderen ist Z. 6 den Artikel τοῦ vor ἐν Λίμναις Διονύσου mit Herwerden der sprachlichen Korrektheit halber zuzufügen nöthig.

Drittens ist Z. 7 τῇ δωδεκάτῃ, das an falscher Stelle und unverbunden neben ἐν μηνὶ steht, mit Toretkik zu tilgen.

Zum Vierten wird jetzt fast allgemein in dem Passus über die Kallirrhoe (Z. 11) für ἐκείνῃ mit Bekker ἐκεῖνοι geschrieben; doch muss diese Aenderung geradezu als unzulässig bezeichnet werden, wie das wiederholt schon Herbst ausgeführt hat [3]. Ueberall wo

---

[1] S. Usener, Götternamen S. 132; Kretschmer, Einl. in d. Gesch. d. gr. Spr. S. 418 ff.; nicht umgekehrt, wie Wilamowitz, Arist. u. Athen II. S. 36 wollte.
[2] Vgl. Ber. dieser Ges. 1887 S. 385 Anm. 1. Herbst, zu Thukyd. S. 51, begnügt sich: τὰ γὰρ (ἀρχαῖα) ἱερά zu lesen, Schmid im Rhein. Mus. XLIII. S. 628 möchte καὶ ἄλλων θεῶν in παλαιῶν θεῶν ändern. Letzteres ist sachlich mehr als bedenklich; bei ersterem bleibt der Ausdruck καὶ ἄλλων weiterer Präcisirung bedürftig.
[3] Im Philolog. XVI. S. 301 f. und 'Zu Thukydides; Erklärungen u. Wiederherstellungen' (1892) S. 53.

ἐκεῖνοι bei Thukydides erscheint, geht es auf eine Person oder Sache, die im Vorhergehenden oder unmittelbar Folgenden ausdrücklich bezeichnet ist. Und das ist gerade so auch in dem einzigen Beispiele der Fall, das man — noch dazu aus einem Dichter! — zum Beweis dafür anzuführen pflegt, dass ἐκεῖνοι an sich schon 'die Alten' bezeichnen könne: nämlich bei Sophokles Oid. Kol. 1195 σὺ δ' εἰς ἐκεῖνα, μὴ τὰ νῦν, ἀποσκόπει; denn er führt fort: πατρῷα καὶ μητρῷα πήμαθ' ἅπαθες. Hier aber sind die Bewohner, sei es des gesammten Urathens, sei es eines Theiles desselben, überhaupt nicht erwähnt und würde daher ἐκεῖνοι ganz in der Luft schweben.

Auch das von HAACKE vorgeschlagene ἐκείνης, das sich auf ἀκρόπολις beziehen soll, ist einfach unmöglich, weil ἀκρόπολις schon lange nicht mehr der dominirende Begriff ist. Freilich bedarf die überlieferte Lesart noch einer genaueren Begründung, da die von HERBST und Anderen angenommene Erklärung schwerlich das Richtige trifft (siehe unten).

Thukydides trägt also seine Hypothese über den Umfang Urathens vor und fügt, wie gewöhnlich bei solchen Gelegenheiten (z. B. gleich in demselben Buche noch 39, 2 und 50, 2), mit den Einführungsworten 'τεκμήριον δέ' und nachfolgendem γάρ[1]) die Gründe bei, die ihn zu ihrer Aufstellung bestimmt haben. Hier sind sie entnommen in erster Linie aus der Lage der nach seiner Ansicht ältesten Heiligthümer und heiligen Stätten; zur Verstärkung weist er zuletzt noch auf den bis zu seiner Zeit üblichen Sprachgebrauch[2]) hin, dass πόλις für ἀκρόπολις gesagt wurde.

Die Behauptung ist vorweg gestellt: vor Theseus bildete die Stadt einmal die gegenwärtige ἀκρόπολις und zum Anderen τὸ ὑπ' αὐτὴν πρὸς νότον μάλιστα τετραμμένον'.

---

1) Genau so verfährt Aristoteles in den Ἀθ. πολ. 2, 5 σημεῖον δέ· ἔτι καὶ νῦν γάρ κτλ. Ueber diese charakteristische Methode handelt eingehend BAIER, Forsch. zu Arist. Ἀθ. πολ. S. 33 ff.

2) Thukydides selbst verwendet zwar nur, wo er Urkunden im Wortlaut wiedergiebt (V. 18, 10; 23, 5; 47, 11), πόλις in diesem Sinne; sonst sagt er immer ἀκρόπολις. Aber nicht bloss im Kanzleistil hat sich πόλις für Akropolis selbst bis in das zweite Decennium des 4. Jahrhunderts erhalten; sondern auch im Volksmunde war die Sitte zu Thukydides' Zeiten noch ganz lebendig: das lehren die Komödien des Aristophanes und die Gerichtsreden von Antiphon und Lysias.

Der stärkere Accent ist dabei — wie schon die bei Thukydides stets mit grossem Bedacht gewählte Wortstellung beweist — auf die Akropolis gelegt. Das wird auch weiterhin dadurch bekräftigt, dass die Bezeichnung πόλις sich eben für diese Akropolis hielt, nicht für jenen anderen Theil. Immerhin kann doch dieser südliche Theil gleichfalls in Betracht und es müssen gewichtige Gründe für ihn gesprochen haben, wenn Thukydides sich nicht mit der Nennung der Akropolis begnügte, sondern ihn noch einer besonderen Erwähnung für werth erachtete.

Welche Gegend im Süden freilich mit den gewählten Worten bezeichnet sei, kann an sich ja zweifelhaft sein. Ich selbst habe darauf hingewiesen, dass Thukydides und Andere mit den Worten ὑπὸ τὴν πόλιν oder ἀκρόπολιν die Lage von Stiftungen zu bezeichnen pflegen, die sich auf halber oder viertel Höhe des Burgabhanges befanden¹). Die Observation ist richtig, erleidet aber eine naturgemässe Einschränkung. Durchaus trifft sie zu, wenn es sich um die topographische Bezeichnung einzelner Anlagen oder Lokalitäten handelt, von denen ohne Bezeichnung der Himmelsgegend einfach nur gesagt wird, dass sie unterhalb der Burg liegen (wie das in allen von mir angeführten Beispielen der Fall ist); hier würde ja sonst die topographische Angabe einfach unbrauchbar, weil viel zu allgemein. Etwas Anderes ist es, wenn eine ganze grosse Gegend im Gegensatz zur Burghöhe und in ihrer örtlichen Lage zu der Burg bezeichnet werden soll. Die gesammte Unterstadt liegt ja natürlich ὑπὸ τὴν ἀκρόπολιν, so dass diese Worte einfach zur Umschreibung von ἡ κάτω πόλις oder wie man später sagte, ἡ ὑπόπολις dienen; vgl. Bekker, An. Gr. I. S. 212, 10 ἀκρόπολις τόπος ὑψηλός· τὰ δ' ὑπ' αὐτὴν ὑπόπολις ὠνομάσθη; Etym. Magn. ἀκρόπολις· ἐστι καὶ τόπος ὑψηλὸς Ἀθήνῃσι· τὰ δ' ὑπ' αὐτὴν ὑπόπολις ὀνομάζονται. So heisst die Thebanische Unterstadt bei Pausanias bald ἡ κάτω πόλις (II 6, 4), bald ἡ ὑπὸ τῇ Καδμείᾳ (II 5, 2). Welche von den beiden an sich möglichen Bedeutungen hier gültig ist, müssen andere Erwägungen entscheiden.

Geht man von der Voraussetzung aus, die zunächst zu liegen scheint, dass Thukydides an eine zusammenhängende Siedelung gedacht habe, wird man freilich an der ersten Bedeutung festhalten

---

1) Vgl. Ber. d. Ges. 1887 S. 383 Anm. 1.

müssen. Doch ist das eben eine Voraussetzung, die hineingetragen wird¹) und die durchaus nicht nöthig ist.

Wie Mykene, die einzige Stadt, deren Anlage wir jetzt für die Urzeit genauer kennen, keineswegs ein einheitliches Stadtgebiet einnahm, sondern unterhalb der befestigten Königsburg die Unterstadt in der Niederung an verschiedenen Stellen ohne örtliche Geschlossenheit sich ausgebreitet hatte², so hindert Nichts, auch für Athen in der ältesten Zeit neben der Königsburg eine mit ihr gar nicht unmittelbar zusammenhängende Ansiedelung in der Niederung anzunehmen³). Und dass dies wirklich der Meinung des Thukydides entspricht, sagen seine Worte, wenn man sie unvoreingenommen prüft, doch unzweideutig genug.

Es handelt sich dabei in erster Linie um die Auslegung der Worte: τὰ ἔξω (nämlich ἀρχαιότατα ἱερὰ) πρὸς τοῦτο τὸ μέρος τῆς πόλεως μᾶλλον ἴδρυται (Z. 4 f.). Zuvörderst ist die Bedeutung von τὰ ἔξω durch den Gegensatz der vorausgehenden Worte: ἐν αὐτῇ τῇ ἀκροπόλει dahin präcisirt, dass es die ausserhalb der Burg gelegenen Heiligthümer bezeichnet, nicht etwa — wie von mehreren angenommen worden ist⁴) — die ausserhalb des gesammten Urathen befindlichen. Das hat Stahl sehr richtig betont (a. a. O. S. 570).

Dagegen muss der genauere Sinn der Worte τοῦτο τὸ μέρος τῆς πόλεως erst aus dem Zusammenhang selbst erschlossen werden. Denn zunächst ist nur klar, dass τοῦτο seine Bestimmung nicht aus

---

1) Ich selbst bin in den Ber. 1887 S. 389 dieser irrigen Voraussetzung gefolgt, die nun Dörpfeld festhält; meine δεύτεραι φροντίδες waren also gegenüber dem, was ich Stadt Athen I. S. 384 gesagt hatte, keineswegs σοφώτεραι.

2) Vgl. Ed. Meyer, Gesch. d. Alterth. II. S. 168. 185; Tzuntas in ἐφ.ημ. ἀρχ. 1888 S. 123 ff.; Steffen, Kart. v. Mykenai S. 37.

3) Man wird sogar berechtigt sein, es als eine allgemeine Thatsache der griechischen Urgeschichte zu betrachten, dass an dem Fusse der Fürstenburgen, die überall den Kern der 'Städte' bildeten, und unter ihrem Schutze sich dorfähnliche Niederlassungen ansiedelten, öfters deren mehrere.

4) Ich selbst habe, beirrt durch meine damalige Erklärung von ὑπ' αὐτήν, in diesen Ber. 1887 S. 386 diese Meinung vertreten, wie ich ja konsequenter Weise musste. (Richtiger hatte ich mich auch hierüber schon 'Stadt Athen' I. S. 384 ausgesprochen.) Dörpfeld hält sie noch jetzt fest. Auch Wilamowitz muss so geurtheilt haben, da er in der Lücke nach ἀκροπόλει die Worte καὶ ὑπ' αὐτῇ ergänzte (Herm. XXI. S. 617).

dem unmittelbar vorhergehenden ἀκροπόλει erhalten kann[1], sondern dass man weiter zurückgreifen muss auf die früheren Worte: da ist aber sprachlich beides zulässig, sowohl dass man es auf die Gesammtbezeichnung Uraihens ἡ ἀκρόπολις καὶ τὸ ὑπ' αὐτὴν πρὸς νότον μάλιστα τετραμμένον bezieht, als nur auf die zweite Hälfte derselben. Beides ist in der That neuerdings vertreten worden. Um für diese Alternative die Entscheidung zu finden, müssen wir erwägen, was Thukydides mit der fraglichen Beobachtung erweisen will. Wie für die Besiedelung der Burg die Heiligthümer auf der Burg zeugen, so müssen die in diesem Satz angeführten Heiligthümer einen Schluss gestatten auf die wo immer genauer anzusetzende Ansiedelung südlich der Burg.

Das ist aus folgenden Gründen eine durchaus unentrinnbare Schlussfolgerung. Einmal ist es ganz undenkbar, dass der Historiker bei dem methodischen Ernst, mit dem er seine Wissenschaft betreibt, erst eine aus zwei Theilen bestehende Hypothese vorträgt und dann nur für den einen Theil Beweise beibringt, den anderen ganz ohne Begründung lässt, ja ihn einfach ignorirt, während gerade dieser zweite Theil sehr überraschend ist und in besonderem Grade die hier aufgestellte Behauptung einer Motivirung bedarf. Zum Anderen hängt aber — wie schon ein Blick auf die Worte des Thukydides lehrt, unten noch genauer erläutert und gegen mögliche schiefe Auffassungen festgestellt werden soll — dieses zweite Glied der Beweisführung (die Lage der ältesten Heiligthümer ausserhalb der Burg) auf das engste zusammen mit dem dritten (der Lage der Enneakrunos, die sich in der Nähe jener Heiligthümer befindet), so dass diese beiden gleichmässig entweder für die Besiedelung der Burg oder für die Besiedelung des Südtheils beweisen müssen. Es ist also auch die Ausflucht verbaut, dass für den Südtheil etwa nur die Lage der Enneakrunos zum Beweis dienen solle; ganz abgesehen davon, dass

---

[1] Wie STAHL im Rhein. Mus. L. S. 570 in einer solchen Auffassung nichtsdestoweniger den Anstoss zu der (von mir einst vorgetragenen) Beziehung auf das Ganze vermuthet (worauf er sogar ebd. LI. S. 310 nochmals zurückkommt), bleibt mir allerdings dunkel. Das πρῶτον ψεῦδος, das auch mich verwirrte, ist oben angedeutet: es lag in der Voraussetzung einer einheitlichen Ansiedelung und der Annahme, dass Thukydides vom Südabhang der Burg selbst rede. Doch verlohnt es wirklich nicht, bei der Veranlassung eines Irrthums, den man selbst erkannt, länger zu verweilen.

Thukydides die aus der Lage der Heiligthümer gezogene Schlussfolgerung offenbar für die kräftigste ansieht, da er sie an erste Stelle rückt und deshalb auf sie aller Wahrscheinlichkeit nach beide Theile der These gestützt haben wird.

Da also die ausserhalb der Burg gelegenen Heiligthümer den Beweis für den Südtheil der Stadt erbringen müssen, können die Worte τοῦτο τὸ μέρος τῆς πόλεως nur auf die vorausgehenden Worte τὸ ὑπ' αὐτὴν πρὸς νότον μάλιστα τετραμμένον bezogen werden und es gliedert sich so der Hauptbeweis aus der Lage der Heiligthümer sehr übersichtlich in zwei Hälften, entsprechend den zwei Theilen der These. These: bewohnt war 1) ἡ ἀκρόπολις, 2) τὸ ὑπ' αὐτὴν πρὸς νότον μάλιστα τετραμμένον; Beweis: alte Heiligthümer liegen 1) ἐν τῇ ἀκροπόλει, 2) πρὸς τοῦτο τὸ μέρος τῆς πόλεως.

Soweit führt lediglich die Betrachtung der Worte des Thukydides. Nun sind wir aber gerüstet, an die topographische Frage heranzutreten, deren Beantwortung allein die Entscheidung über die präcisere Bedeutung der Worte τὸ ὑπ' αὐτὴν πρὸς νότον μάλιστα τετραμμένον bringen kann. Es fragt sich: wo liegen die von Thukydides angeführten Heiligthümer?

Hier setzt ja nun der durchgreifende Zwiespalt zwischen der bisherigen Auffassung und Dörpfeld's Anschauungen ein. Bisher verzichteten die Vorsichtigen auf genauere Bestimmung des Heiligthums des Διόνυσος ἐν Λίμναις, alle nahmen aber mit voller Bestimmtheit an, dass die drei anderen Kultstätten die litterarisch und monumental anderweit bekannten, in der Südostecke der Stadt, in der Nähe des Ilissos gelegenen des Olympischen Zeus, des Pythischen Apollon und der (Olympischen) Ge seien. Dörpfeld glaubt das Heiligthum des Dionysos am Fusse des Westabhangs der Burg wieder aufgefunden zu haben, die Ge bringt er mit dem anderweit bezeugten Heiligthum der Ge Kurotrophos an der Südwestecke des äusseren Burgfelsens zusammen, das Pythion mit der Apollongrotte an dessen Nordwestecke, und bei dieser Apollongrotte endlich vermeint er auch noch ein Zeusheiligthum ansetzen zu können. Für die eingehendere topographische Prüfung verweise ich auf die unten gegebene zusammenhängende Erörterung. Hier genügt es, Folgendes zu sagen.

Das Διονύσιον ἐν Λίμναις können wir zunächst ganz ausscheiden, da bei dem Mangel positiver Stützpunkte der monumentale Beweis im günstigsten Falle nicht weiter gelangen kann, als zu der Probabilität der Existenz irgend eines alten Dionysosheiligthums. Alles andere ist topographische Kombination, über die ich unten spreche. Zudem kann sein Schicksal von dem der drei anderen nicht getrennt werden. Angenommen aber, DÖRPFELD habe die Existenz jener drei Heiligthümer am Westabhang der Burg wirklich erwiesen (was ich für zwei derselben bestimmt leugne), so hätten wir einfach die Wahl zwischen den beiden Triaden hier und dort. Und da ist es doch einleuchtend, dass die DÖRPFELD'sche Trias für die Besiedelung südlich der Burg — ganz gleichgültig, ob es sich um den Südabhang der Burg oder um die Niederung südlich derselben handelt — gar nichts beweisen kann; denn wenn schon die Stätte der Ge allein einen Schluss auf Besiedelung des Südabhangs gestatten würde, mit den beiden anderen vereint könnte auch sie nur für den Westabhang zeugen. Und dies Zeugniss würde durch die Lage des vermeintlichen Διονύσιον ἐν Λίμναις noch wesentlich verstärkt werden. Für die hier von Thukydides verfolgte Beweisführung fällt mithin sowohl jene DÖRPFELD'sche Trias als das Dionysion am Westabhang der Burg nothwendig ausser Betracht.

Für die bisherige Annahme spricht aber ausserdem noch Dreierlei: einmal der Umstand, dass jene drei Heiligthümer im Südosten der Stadt dicht bei einander liegen; nämlich südwestlich des Olympieions befindet sich das Pythion, der Hain der olympischen Ge aber lag in der Nähe des itonischen Thores, also jedenfalls nach Westsüdwest vom Zeustempel[1]) (in Hadrianischer Zeit war er mit in den grossen Bezirk des Olympieions hineingezogen).

Zum Anderen erwähnt Thukydides zwar nur eins von diesen Heiligthümern noch einmal: aber dies glücklicher Weise an einer Stelle,

---

1) Die Lage des Pythions ist durch den bekannten Fund des von dem jüngeren Peisistratos errichteten Altars mit der Inschrift CIA IV. 1. n. 373ᵉ gesichert. S. CURTIUS, Herm. XII. S. 492; ges. Abh. I. S. 451 ff. (im Herm. a. a. O. ist auch ein Plan beigegeben); Stadtgesch. S. 74. Ueber die Stätte der Ge vgl. 'Stadt Athen im Alt.' I. S. 154 und 228; man muss jedoch den älteren Lauf der Stadtmauer an dieser Stelle zu Grunde legen, wie er von DÖRPFELD Ath. Mitth. XIII Taf. VI angegeben ist; mithin rückt das itonische Thor mit der Amazonenstele, die beim Hain der Ge stand, (das Thor ist nur von Plutarch Thes. 27 aus der Erzählung eines Attbidographen und vom Verf. des Axiochus, also in vorhadrianischer Zeit erwähnt) mehr nach Westen.

wo die Ortslage jetzt aus dem Bereich des Meinens gerückt ist; denn die nach Thukydides' Aussage (VI. 54) von dem jüngeren Peisistratos in dem Pythion gesetzte Altarinschrift ist jetzt, und zwar mit anderen Resten, an der alten Stätte beim Olympieion wieder aufgefunden (s. unten Anm. 1). Beide Male bedient sich der Historiker dabei des einfachen Ausdrucks Πύθιον.

Und zum Dritten ist zunächst bei zweien derselben, Olympieion und Pythion, das hohe Alter ihrer Stiftung nachweisbar. Unser Wissen von athenischer Geschichte geht freilich in solchen wie in den meisten Dingen nicht über die Tyrannenzeit zurück. Aber in dieser treten uns sogleich beide Heiligthümer als hochbedeutende entgegen, da Peisistratos den Bau eines Prachttempels des Zeus begann (seine Fundamente sind neuerlich aufgedeckt) und auch im Pythion einen Tempel errichtete¹). Und natürlich haben die Tyrannen ihre Bauthätigkeit hier wie anderwärts den bedeutendsten Kultstätten ihrer Vaterstadt zugewandt: in Athen bietet die beste Parallele der von Peisistratos gebaute Athenatempel auf der Burg. Dass diesen Bauten jedoch ältere und einfachere vorausgingen, vor dem siebenten Jahrhundert primitive Holz- und Ziegelhäuser, scheint ebenso selbstverständlich, wie es begreiflich ist, dass für uns darüber eine besondere Kunde nicht existirt. Vielleicht gelingt es dereinst noch einmal, für das Olympieion wenigstens den ersten Schritt rückwärts in das siebente Jahrhundert zu thun, wie wir ihn für den Athenatempel der Burg in Folge deren vollständiger Aufräumung jetzt durch die verdienstvollen Analysen THEODOR WIEGAND's thun können.

Zudem handelt es sich hier wesentlich darum, nicht sowohl festzustellen, was nach unserer Einsicht in diese Dinge etwa als uralt oder 'ursprünglich' anzusehen ist, als zu erkennen, was einem Athener des fünften Jahrhunderts als sehr alt erscheinen konnte und musste. In dieser Beziehung ist aber von grösster Wichtigkeit die Thatsache, dass man in Athen annahm, in dem Erdspalt, der sich im Haine

---

1) Die kurzen Worte bei Photios (Suid.) u. d. W. Πύθιον· ἱερὸν Ἀπόλλωνος Ἀθήνησιν ὑπὸ Πεισιστράτου γεγονός, die DÖRPFELD (Mitth. XX S. 199) so deuten will, als habe Peisistratos diesen Bezirk erst gegründet, erhalten ihre richtige Deutung durch die Erzählung von Hesych. u. d. W. ἐν Πυθίῳ χέσαι· Πεισίστρατος ᾠκοδόμει τὸν ἐν Πυθίῳ ναόν.

des Zeus befindet, habe sich die uranfängliche deukalionische Fluth verlaufen (Paus. I. 16, 7), und dass man, im Zusammenhang damit, glaubte, Deukalion als ältester König habe an dieser Stätte Zeus den ältesten Kult gegründet; sei es, dass man, wie der attische Gewährsmann des Marmor Parium (ep. 4 Z. 7), ihm nur einen Altar stiften liess, oder wie der Mythograph, dem Pausanias a. a. O. folgt, gar schon einen Tempel bauen. Wie Deukalion's Gedächtniss an dieser Stätte haftete, ist auch noch durchaus bezeugt, dass in der Nähe des Zeustempels sein Grab gezeigt wurde[1]).

Wenn nun dieser Erdspalt sich augenscheinlich im Haine der dritten hier in Betracht kommenden Gottheit, der Ge, befindet, so dürfen wir wohl unbedenklich annehmen, dass ihr Kult eben durch dieses Naturmal hervorgerufen ist, mithin in die älteste Zeit zurückgeht, deren religiöse Vorstellungen vielfach von mächtigen Eindrücken der äusseren Natur bestimmt wurden. Das wird noch weiter dadurch bestätigt, dass man in den Spalt als Seelenopfer Honigkuchen zu werfen pflegte, ein Brauch, der wahrscheinlich mit den Anthesterien verbunden war[2]) und schon deswegen von Thukydides für uralt gehalten werden musste[3]).

Ohne uns also jetzt auf weitere topographische Erörterungen einzulassen, können wir es als gesichert betrachten, dass die von Thukydides angeführten alten Heiligthümer im Südosten der Burg lagen. Welchen Schluss konnte er aus ihnen ziehen? Den, dass der Südabhang der Burg besiedelt war? Gewiss nicht: dafür hätte er eben an diesem oder mindestens in seiner Nachbarschaft gelegene Heiligthümer anführen müssen; jene Heiligthümer liegen doch viel zu weit ab, um einen solchen Schluss zu gestatten[4]). Möglich ist nur,

---

1) Paus. a. a. O.; auch bei Strabo IX. 4, 2 p. 425 C. erwähnt.
2) Paus. I. 18, 7; Plutarch Sulla 14; vgl. Rohde, Psyche, S. 216 Anm. 3.
3) Uebrigens nennt Paus. a. a. O. das Temenos der Ge unter den ἀρχαῖα, was freilich nicht viel besagen will.
4) Gewiss hat Dörpfeld Recht, wenn er a. a. O. S. 202 auf das Bestimmteste in Abrede stellt, dass Thukydides jene Gruppe von Heiligthümern als Beweis für die Lage und Ausdehnung der ältesten 'auf und an dem Burgfelsen gelegenen' Stadt habe anführen können. Man muss diese Möglichkeit sogar für den blossen Südabhang der Burg ablehnen. Es frägt sich nur, wo der falsche Punkt dieser Annahme zu suchen ist; erst in der Beantwortung dieser Frage trennen sich unsere Wege.

dass jene Gruppe von Heiligthümern Zeugniss ablegen soll für die benachbarte Niederung südlich der Akropolis.

Mithin ist nun auch die Entscheidung für den einzigen noch immer offen gehaltenen Punkt gebracht: die Worte τὸ ὑπ' αὐτὴν πρὸς νότον μάλιστα τετραμμένον können sich nur auf die im Süden der Burg gelegene Stadtgegend beziehen. Doch wird Niemand, dem es darum zu thun ist, nicht seine Meinung durchzudrücken, sondern ein volles [Bild der wahren Sachlage zu geben, es verschleiern dürfen, dass auf den ersten Anschein auch so die Beweisführung noch etwas Auffallendes hat oder ihr eine volle Kongruenz noch abgeht gegenüber dem Beweis für die Besiedelung der Burg. Gewiss: aber liegt nicht dieselbe Inkongruenz auch in den Worten des Thukydides? Anstatt zu sagen: ἐν τούτῳ τῷ μέρει τῆς πόλεως ἵδρυται, wie er vorher einfach sagte: ἐν τῇ ἀκροπόλει, drückt er sich merkwürdig vorsichtig aus: πρὸς τοῦτο τὸ μέρος τῆς πόλεως μᾶλλον ἵδρυται. Also ganz kann nach seinem eigenen Urtheil die Sache nicht geklappt haben. Dieser Punkt bedarf noch einer doppelten Beleuchtung und zwar zunächst wieder einer sprachlichen Erklärung.

Auch ich kann nämlich nicht ganz vorbeigehen an einer besonderen Kontroverse, die sich über den Sinn, den die Präposition πρὸς mit nachfolgendem Akkusativ haben könne, neuerdings gelegentlich der Auslegung dieser Worte entsponnen hat. DOERPFELD (Mitth. XX, S. 194 f.) hat zuerst die bis dahin gewöhnliche Uebersetzung 'nach diesem Theile der (gegenwärtigen) Stadt hin' angefochten und an deren Stelle zwei andere gesetzt: 'bis an diesen Theil der Stadt heran' oder 'an diesem Stadttheil'. Beide lehnte STAHL (Rh. Mus. L. S. 572) ab; aber die von ihm vorgetragene Auffassung bestritt wiederum DOERPFELD (Rh. Mus. LI. S. 129. 134 f.) und rief dadurch eine nochmalige Replik von STAHL (Rh. Mus. LI. S. 309) hervor. Sicher ist, dass πρὸς mit dem Akkusativ nothwendiger Weise die Richtung nach etwas oder an etwas entlang bedeutet[1]; nur kann die griechische Sprache,

---

[1] Nicht völlig zutreffend ist also die letzte Ausführung von STAHL (S. 309), dass bei Thuk. a. a. O. πρὸς νότον τετραμμένον nicht bloss bedeute 'an die Südseite heran', sondern auch 'darüber hin'. In der That doch weder das Eine noch das Andere, vielmehr einfach 'nach Süden hin'; d. h. es wird hier, wie immer, wo πρὸς mit dem Akkusativ eines Wortes, das die Himmelsgegend bezeichnet (βορέαν, ἑσπέραν u. s. w.), verbunden ist, nur die Richtung ausgedrückt. Vgl. das

wie bekannt, mit ungleich grösserer Freiheit, als die deutsche, den
Begriff der Bewegung durch den blossen Akkusativ andeuten, wo
wir ein besonderes Verbum der Bewegung hinzusetzen müssen. Nie
aber kann auf diese Weise die Erstreckung 'in etwas hinein' wieder-
gegeben werden. Mit der Wendung τὰ ἔξω (ἱερὰ) πρὸς τοῦτο τὸ
μέρος τῆς πόλεως μᾶλλον ἵδρυται kann also Thukydides unmöglich
etwas Anderes sagen wollen, als: 'jene Heiligthümer sind nach diesem
Theile der Stadt hin angelegt, und zwar mehr (μᾶλλον) als nach einem
anderen'. Das ist ganz korrekt ausgedrückt: denn man könnte jene
Gruppe von Heiligthümern ja allenfalls auch zum Osttheile der Stadt
rechnen; aber mehr gehören sie doch zu der Niederung, die sich
südlich der Burg erstreckt, sie liegen mehr nach ihr zu.

Auch das wird man nicht übersehen dürfen, dass Thukydides
absichtlich zu den Worten τὸ πρὸς νότον τετραμμένον noch ein μάλιστα
hinzufügt, also auch hier das nicht vollständig Deckende, nur ungefähr Zutreffende des Ausdrucks hervorhebt. Wir werden also
nun in seinem Sinne erläutern können: 'vornehmlich nach Süden, aber
auch nach Südosten hin'.

Nun geht ja die ganze Deduktion des Thukydides von der Voraussetzung aus, dass die Menschen nahe bei ihren Heiligthümern
wohnen. Diese Voraussetzung, auf jene Gruppe angewandt, konnte
zu zwei verschiedenen Folgerungen führen, dass die Erbauer im
Osten der Burg, in der Ilissos-Niederung, wohnten, oder dass ihre
Wohnsitze sich im Süden der Burg, wenn auch nicht gerade bis an
den Ilissos, so doch wenigstens bis an jene Gruppe von Heiligthümern
hin erstreckten. Thukydides hat die zweite Folgerung gezogen und
ist dazu wohl durch folgende Erwägung bestimmt worden. Eine
Ansiedelung im Osten würde die ihr Zugehörigen von dem Herrscher-
sitz auf der Burg und von ihrem Schutze ganz getrennt halten, man
konnte dann kaum noch von einer Zusammengehörigkeit sprechen,

---

von STAHL in anderem Sinne citirte Beispiel bei Thuk. II. 96, 4 οἰκοῦσι δ᾽ οὗτοι
πρὸς βορέαν τοῦ Σκομίου ὄρους καὶ παρήκουσι πρὸς ἡλίου δύσιν μέχρι τοῦ Οσκίου
ποταμοῦ. In dem von DÖRPFELD besonders betonten Beispiel bei Thuk. IV. 102, 2,
wo es von der Stadt Torone heisst: οὔσης τῆς πόλεως πρὸς λόφον, würde man,
um den Begriff der Bewegung im Deutschen wiederzugeben, etwa übersetzen
müssen: die Stadt lehnt sich an einen Hügel an' oder 'sie steigt an einem
Hügel hinan'.

die doch als selbstverständlich galt: die Besiedelung im Süden hatte den unzweifelhaften Vortheil, dass die Aecker der hier Sesshaften von der Burg dominirt wurden, und dass die Bewohner selber zu der Burg einen raschen und leichten Zugang hatten. Denn selbst Ummauerung der Burg angenommen, der bequemste Aufgang zu dem nothwendiger Weise immer im Westen gelegenen Hauptthor erfolgte von Süden her: das lehren die natürlichen Terrainverhältnisse, wie noch heute die Hauptfahrstrasse vom Süden her zu dem Haupteingang der Akropolis führt.

Man wolle das ja nicht als eine unbegreifliche Künstelei des grossen Forschers mit Kopfschütteln ansehen oder gar ablehnen. Er befand sich gegebenen Thatsachen gegenüber, mit denen er sich, so gut es ging, abfinden musste. Vielmehr soll man seinen Forschergeist bewundern, der mit Genialität das schwierige Räthsel das die Anfänge der athenischen Stadtgeschichte stellen, erkannt hat;, ich meine die merkwürdige Thatsache, dass neben der Burg mit ihren Kultstätten ein anderes Gebiet des Stadtbodens steht, das mit einer geschlossenen Reihe von alten Stiftungen bedeckt ist, das im Südosten der Burg in der Nähe des Ilissos, zum guten Theil ausserhalb der späteren Stadtmauer gelegene Gebiet. Wo gäbe es denn — wenn man von den unzweifelhaft erst späterer Zeit angehörigen Gründungen des Stadtmarktes absieht, — auf dem gesammten Stadtgebiet einen ähnlichen Komplex heiliger Anlagen? Eine endgültige Lösung des Problems haben auch wir noch nicht gefunden: man soll aber nicht vergessen, dass bereits Thukydides es erfasst und scharf formulirt hat.

Wie stark der Eindruck dieser Thatsache auf ihn gewesen ist, lehrt auch der merkwürdige Zusatz, den er der Aufzählung jener vier hochalten Heiligthümer hinzufügt: ὅρυται δὲ καὶ ἄλλα ἱερὰ ἀρχαῖα ταύτῃ (d. h. eben an der Stelle, wo jene vier). Man hat die Bedeutung dieser Worte so sehr verkannt, dass man sie als überflüssiges Glossem hat tilgen wollen (!). Sie sind nicht bloss nicht überflüssig, sondern bilden im Sinne des Historikers eine wesentliche Verstärkung seines Beweises; es kommt ihm darauf an, hervorzuheben, dass hier die alten Heiligthümer nicht vereinzelt, sondern in dichter Reihe liegen. Auf die Frage, welche Heiligthümer speciell hier gemeint sein können, stehe ich nicht an, zuvörderst das unmittelbar an das

Olympieion stossende¹) Kronion hervorzuheben, nicht sowohl deshalb, weil Pausanias (a. a. O.) es auch unter den ἀρχαῖα nennt, als weil nach der von dem Atthidographen Philochoros mitgetheilten heimischen Legende Kekrops einen Altar und Kult des Kronos und der Rhea stiftete²). Möglicher Weise kann auch an das Delphinion gedacht werden, das Pausanias gleich nach dem Pythion erwähnt, und das der Vater des Theseus, Aigeus, gestiftet haben sollte³) und nach einer anderen Sage Theseus, als er in jungen Jahren nach Athen kam, gerade im Bau antraf; vielleicht selbst an das gleichfalls von Aigeus gegründete Heiligthum der Aphrodite Urania⁴).

Als drittes Argument erscheint in der Beweisführung des Thukydides die Lage der Kallirrhoe-Enneakrunos. Gerade die Worte

---

1) Ueber seine Lage Bekker's An. Gr. I. S. 273, 20 (mit meiner Emendation im Rh. Mus. XXIII. S. 17); vgl. jetzt noch Skias in Ἑστία 1894 S. 293 (= Συμβολαὶ εἰς τὴν Ἀθην. τοπογραφίαν S. 16).

2) Philochorus (Frg. 13 bei Müller FHG I, S. 386) bei Macrob. Sat. I. 10, 22 *Phil. Saturno Opi primum in Attica statuisse aram Cecropem dicit eosque deos pro Iove et Terraque* (d. h. vor Zeus und Ge: s. Welcker, Gr. Götterl. I. S. 156) *coluisse.* Faktisch wäre es nichtsdestoweniger doch möglich, dass Robert, Gr. Myth. I. S. 52, Recht hätte mit seiner Vermuthung, der Kronos-Kult in Athen sei erst aus Olympia eingeführt; doch lässt sich die Analogie, dass hier wie dort das Kronion an das Olympieion stösst, sehr wohl auch aus der nahen Verwandtschaft der beiden Göttervorstellungen erklären (s. Usener, Götternamen, S. 25 ff.).

3) Pausan. I. 19, 1; Plutarch, Thes. 12; Pollux VIII. 119; vgl. Stadt Athen I. S. 230. Zwar hat Maass, de Lenaeo et Delphinio (ind. lect. Gryph. 1891/2), p. XVI, sehr bestimmt behauptet, dass Pausanias a. a. O. gar nichts ('ne tantillum quidem') über die Lage des Delphinions aussage, sondern bloss von einem Apolloheiligthum zum anderen übergehe. Neu ist diese Anschauung nicht, sondern viel eingehender von August Schultz, de Theseo (Bresl. 1874), S. 55, vorgetragen. Ich kann, bis er mir die 'sueta et multis exemplis firmata ratio' des Pausanias belegt, ihm nur erwidern, was ich Schultz in Jen. Litt.-Zeitg. 1875 Nr. 829 erwidert habe, dass aus der topographischen Ordnung bei Pausanias nur die antiquarischen Excurse fallen, auf die ich Stadt Athen I. S. 133 hingewiesen habe, dass an unserer Stelle ein antiquarischer Excurs möglich wäre, wenn es hiesse: ἔστι δὲ Ἀθηναίοις καὶ ἄλλο, gleichwie I. 17, 1 καὶ γὰρ Αἰδοῦς σφίσι (Ἀθηναίοις) βωμός ἐστι; 18, 9; 28, 8 u. a. f.; wie aber die Worte dastehen, sie nur bedeuten können: es ist da noch (dann folgt) ein anderes Heiligthum des Ap.'. Seinen eigenen Versuch, das Delphinion auf dem Markt unterzubringen, speciell zu widerlegen, wäre zwar leicht, scheint aber kaum noch nöthig.

4) Paus. I. 19, 2; 11, 7; vgl. Stadt Athen I. S. 231, 411 (mit der hier aufgestellten Rückführung ihres Kultus auf Aigeus ist auch Wilamowitz, aus Kydathen, S. 158 einverstanden).

ἐγγὺς οὔσῃ (Z. 11), die in ihrer gewöhnlichen Auslegung in der That befremden und Zweifel gegen die oben bekräftigte Auffassung hervorrufen mussten[1], geben, richtig verstanden, eine topographische Angabe, die hier so wenig wie bei den beiden ersten Argumenten fehlen konnte, und zwar in hinlänglicher Schärfe. Sie erhalten nämlich nicht etwa ihre Auslegung durch das Subjekt, das man aus dem ganz unpersönlich gesagten ἐχρῶντο entnehmen könnte ,erg. die Bewohner der Urstadt, so dass die Nähe der Quelle bei Urathen bezeichnet wäre: vielmehr sind sie zurückzubeziehen auf das vorausgehende ταύτῃ und melden so bestimmt wie möglich, dass sich die Enneakrunos-Quelle in der Nähe der bisher besprochenen Gruppe von Heiligthümern im Südosten der Stadt befinde. Diese Auslegung wird als die einzig richtige erwiesen durch die Form des überleitenden Satzes ἵδρυται δὲ καὶ ἄλλα ἱερὰ ταύτῃ ἀρχαῖα, dessen Inhalt sonst besser etwa mit einem einfachen καὶ ἄλλα τινὰ ἱερὰ ἀρχαῖα gleich an das Vorhergehende sich anschlösse, an dessen mit Bedacht gewählte Fassung nun aber ganz korrekt die neue Erwähnung durch die Kopulativpartikel καὶ geknüpft ist: so tritt neben die anderen hier (im Südosten der Burg) gelegenen Stiftungen die in ihrer Nähe befindliche heilige Quelle als weiterer Beweis für die Besiedelung der Südstadt.

Hier ist nun aber der Platz, über Konstruktion und Bedeutung der Worte ἐκείνῃ τε ἐγγὺς οὔσῃ sich klar zu werden. Die überlieferte Lesart ἐκείνῃ, die wir oben gegen die Aenderungen in ἐκεῖνοι und ἐκείνης in Schutz genommen haben, ist auf zwei verschiedene Weisen ausgelegt worden.

Gewöhnlich fasst man ἐκείνῃ wie das öfters so verwandte οὗτος epanaleptisch, so dass nach der vorhergehenden ausführlichen Beschreibung der Begriff κρήνη wieder aufgenommen werde. Doch steht dem entgegen, dass ein solcher Gebrauch von ἐκεῖνος bei

---

[1] Mit Recht sagt DÖRPFELD S. 197, von dieser gewöhnlichen Erklärung ausgehend: 'Wie Thukydides hätte dazu kommen können, von einem mehr als ein Kilometer vom Burgthor entfernten, im Ilissosthal gelegenen Laufbrunnen zu sagen, dass er der alten Königsstadt nahe gewesen sei, geht über mein Verständniss'. Aber der Einwand trifft eben nur zu bei der falschen Auslegung von ἐγγὺς οὔσῃ, wie sie z. B. auch noch STAHL in der 3. Auflage der Poppo'schen Ausgabe gegeben hat: 'ἐγγὺς οὔσῃ scil. arci et regioni versus meridiem subiacenti'.

Thukydides unbekannt ist und auch sonst äusserst selten; ja ganz adäquate Beispiele sind überhaupt noch nicht beigebracht: am ähnlichsten noch Xenoph. Kyrop. VI 2, 33 ὁ τὴν λόγχην ἀκονῶν, ἐκεῖνος καὶ τὴν ψυχὴν τι παραξονᾷ. So leicht man aber begreift, dass hier die Identität der Person durch ἐκεῖνος hervorgehoben wird, so wenig sieht man den Zweck der Epanalepse an unserer Stelle ein. Ferner ist dann die Stellung der Partikel τε sehr anstössig: denn sie müsste einen Gegensatz zu καὶ νῦν ἔτι hervorheben, also nach ἐχρῶντο oder mindestens nach τὰ (vor πλείστου ἄξια) stehen. Ein zweites solches Hyperbaton weiss ich nicht nachzuweisen.

Herbst (zu Thukyd. S. 52 f.) will ἐκείνῃ beziehen auf den früheren Zustand der Kallirrhoe, als die Quellen noch offen lagen, so dass als Gegensatz τῷ ὕδατι in Betracht käme. Dann fällt aber das vorausgeschickte τῇ κρήνῃ τῇ νῦν μὲν .. Ἐννεακρούνῳ καλουμένῃ, τὸ δὲ πάλαι .. Καλλιρρόῃ ὀνομασμένῃ ganz aus der Konstruktion; was sicher nicht ausreichend entschuldigt wird durch die bekannte Anakoluthie, welche bei zwei durch τε—καὶ verbundenen Gliedern auch von Thukydides öfters z. B. I 16, 1; 53, 2; III 36, 3 u. s. f.) zugelassen wird und ja auch hier bei der gewöhnlichen Auffassung von ἐκείνῃ zugelassen sein müsste. Noch dazu ist der Gegensatz überhaupt nicht scharf ausgebildet, da im zweiten Gliede es nicht bloss καὶ νῦν ἔτι heisst, sondern mit ἀπὸ τοῦ ἀρχαίου wieder auf die alte Zeit zurückgegriffen wird.

Diese Uebelstände vermeidet man, wenn man mit Haacke und Hunneckes ἐκείνῃ in dem Sinne nimmt, den es ein paar Mal (z. B. III 88. 109) bei Thukydides hat, nämlich als Ortsadverb (= ἐκεῖ) und mit τε nur diese topographische Bezeichnung anknüpfen lässt, also übersetzt 'den Wasserplatz, der jetzt Enneakrunos genannt wird, in alter Zeit aber Kallirrhoe hiess und eben dort in der Nähe liegt, benutzte man zu den wichtigsten Ceremonien und auch jetzt noch ist es von Alters her Brauch u. s. w.'. Dann müsste ἐκείνῃ noch einmal ausdrücklich auf die Stätte der vier zuvor ausdrücklich genannten Heiligthümer und der ἄλλα ἀρχαῖα zurückweisen: ἐκείνῃ nähme so das Vorhererwähnte auf, wie öfters das Pronomen ἐκεῖνος auf denselben Begriff geht, der vorher durch einen Casus obliquus von αὐτός ausgedrückt ist. Typische Beispiele für diesen Gebrauch finden sich bei Plato (Protag. p. 310ᴰ, Phaedon, p. 111ᴰ), aber nicht wenige auch bei Thukydides selbst, z. B. I 132, 5 (παιδικά ποτε ὢν αὐτοῦ καὶ πιστότατος ἐκείνῳ); 138, 6; IV 29, 3; V 30, 3; VI 61, 7.

Uebrigens liegt der Hauptaccent, was nicht übersehen werden darf, in dem Zusatz τὰ πλεῖστον ἄξια, d. h. die Quelle wurde bei wichtigen Handlungen, nämlich bei Lustrationen und allen solchen Akten, in die die Religion hineinspielte, verwendet; mit Nichten ist behauptet, dass sie durchweg für die täglichen Bedürfnisse gebraucht sei, oder gar dass sie auch den Burgbewohnern als 'einzige Stadtquelle' gedient habe. Und diesem religiösen Charakter hat Peisistratos ja schon durch die Neunzahl der Röhren[1]) einen unzweideutigen Ausdruck gegeben.

Wir dürfen also nur annehmen, dass im Umkreis des Gebietes von Urathen, wie es Thukydides rekonstruirt, diese Quelle die einzige gewesen sei, die den Anforderungen genügte, welche der Kultus für Lustrationen, Choen oder Bäder stellte. Das heisst, sie muss die einzige mit fortwährend fliessendem Wasser, also eine stark strömende Quelle gewesen sein: denn ἱερὰς ἐξ ἀτρύτου χοὰς | κρήνης (Soph. Oed. Kolon. V. 469 f.) schrieb der heilige Dienst vor[2]). Das Nämliche sagt ja schon der Name von ihr aus. So viel steht also sicher, dass diese Quelle durch die Fülle ihres stetig strömenden Wassers sich vor der Klepsydra, der Krene im späteren Asklepieion und allen andern ὕδατα am Burgberg, die damals immer gebraucht gewesen sein mögen, stark hervorgehoben haben muss. Und dass diese Quellen am Akropolishügel sämmtlich nicht als 'schön sprudelnde' gelten konnten, wird ja wohl allseitig zugestanden.

So weit führt eine genaue Auslegung der Worte des Historikers selbst; aber damit ist doch zugleich die Frage beantwortet, wo er die Kallirrhoe-Enneakrunos angesetzt hat. Man kann dabei ganz ruhig alles irgend zweifelhafte oder nicht ganz Sichere bei Seite lassen, wie auch ohne Winkelzüge zugegeben werden muss, dass ein Rest von dem Baue der Tyrannenzeit in oder bei dem Bissosbette nicht gefunden ist, also die so erwünschte monumentale Bestätigung noch

---

1) S. Diels, Sibyll. Bücher, S. 44 Anm. 3.
2) Vgl. noch den V. 1598 f. ἠνώγει ῥυτῶν | ὑδάτων ἐνεγκεῖν λουτρὰ καὶ χοάς πόθεν.

immer fehlt. Erstens aber ist südlich des Olympieions, bei der bekannten Felsbarre im Ilissosbett, wo noch jetzt Wasser aus dem Boden und der Felswand hervorkommt, zu allen Zeiten eine Quelle gewesen. Durch die dankenswerthen Ausgrabungen der archäologischen Gesellschaft von 1893¹) ist jedenfalls bestätigt, dass vom Alterthum her durch das ganze Mittelalter hindurch bis in neuere Zeiten hier eine ungewöhnliche Wassermenge vorhanden und zu den verschiedensten Anlagen verwandt war. Die Existenz einer Quelle an diesem Platze ist auch von keiner kompetenten Seite je in Abrede genommen worden; DÖRPFELD selbst hat sie ausdrücklich anerkannt²).

Zweitens hiess diese Quelle am Ilissos Kallirrhoe: das lehrt unzweideutig die Scene im Anfang des Ps. Platonischen Axiochos, also eines etwa im letzten vorchristlichen Jahrhundert verfassten Werkes (K. 1, S. 364³): auch das wird von allen Seiten, namentlich auch von DÖRPFELD zugegeben³).

Noch eins kann man hinzufügen. In der gesammten antiken Litteratur findet sich nicht die geringste Andeutung, dass es in Athen zwei verschiedene Kallirrhoen gab⁴): dagegen erhielt sich bei allen Gebildeten die Erinnerung, dass die Enneakrunos zuvor Kallirrhoe hiess; nicht bloss bei den Grammatikern wird das immer wiederholt

---

1) S. Ἐφ. ἀρχ. 1893 Sp. 103. 104 und namentlich πρακτικὰ τῆς ἀρχαιολ. ἑταιρ. ἐτ. 1893 (1895; mit schönem Plan); genauer Bericht von Skias S. 111 f.
2) S. Jahrb. d. Inst. XI. Anz. S. 19.
3) S. Jahrb. a. a. O.
4) Denn das vermeintliche Zeugniss von Solin 7, 18 *Callirhoen stupent fontem, nec ideo Cruneson (Croneson oder Crunescon) fontem alterum nullae rei numerant* sollte man doch endlich aufhören anzuführen. Man thut diesem Wirrkopf gewiss zu viel Ehre an, wenn man in der Corruptel den sonst unbekannten Namen einer besonderen Quelle wittert, etwa χρουνίσκον ('das Quellchen') für die Klepsydra der Burg (wie CRATIUS, ges. Abh. I. S. 103 wollte); sein Gewährsmann ist allein Plinius, und was der (IV. 24) gesagt hat, sehen wir ja. Das Missverständniss des jämmerlichen Kompilators ist noch lange nicht so schlimm, als andere Versehen, die er sich bei der Auslegung des Plinius hat zu Schulden kommen lassen; man führe sich z. B. nur die köstliche Verballhornung von Plin. IV. 67, die er 2, 26 geleistet hat, zu Gemüthe. Noch weniger wird es auffallen, dass Alkiphron, ein nichtathenischer Sophist des dritten nachchristlichen Jahrhunderts, der seine Gedanken und Wendungen der attischen Komödie zu entlehnen pflegt, als typische Quelle Athens einmal (Brief 49, 1) die Enneakrunos, das andere Mal (Brief 54, 1) die Kallirrhoe nennt.

bei Harpokr. u. d. W. Ἐννεάκρουνον und λουτροφόρος, Hesych. Ἐννεάκρουνος, Poll. III. 43', sondern ebenso bei den Römern. Wie bei dem Dichter Statius, Theb. XII. 624 *Callirroe novies errantibus undis* erscheint, so wird bei dem tief in griechische Gelehrsamkeit eingetauchten Plinius N. H. IV. 7, 24 unter den Quellen Attikas aufgezählt *Callirroe Enneacrunos*.

Wenn also Thukydides eine Quelle in der Nähe des Olympieions erwähnt, die Kallirrhoe hiess, so ist der Schluss, dass er eben die bezeichnete Quelle meint, nach allen Gesetzen methodischen Schliessens unabweisbar: denn dass zwei Quellen in der Nähe des Olympieions gelegen und beide den Namen Kallirrhoe getragen haben, dürfte Niemand für möglich halten.

Nun versichert uns sogar noch eine aus bester alexandrinischer Zeit stammende antiquarische Notiz ausdrücklich, dass die zum Brautbad auch noch in der Gegenwart benutzte Enneakrunos früher Kallirrhoe hiess und am Ilissos lag[1]. Kann man da wirklich noch behaupten, der alexandrinische Grammatiker irre? Im Princip wird das ja natürlich Niemand für undenkbar erklären; aber die Uebereinstimmung zwischen den richtig erläuterten Worten des Historikers und den an sich ja ganz unzweideutigen des Grammatikers führt die principielle Möglichkeit nicht zur Wahrscheinlichkeit oder Wirklichkeit über, sondern vernichtet sie völlig und bildet vielmehr den festen Schlussstein des sicher gegründeten Gebäudes.

II. Die Ausgrabungen am Westabhang der Burg.

Erheben die durch die DÖRPFELD'schen Ausgrabungen gewonnenen monumentalen Thatsachen gegen die Thatsachen, welche exakte philologische Erklärung der Worte eines unbedingt glaubwürdigen Atheners des fünften Jahrhunderts festgestellt hat, an irgend einer Stelle positiven Einspruch?

An zwei Stellen wird von dem Entdecker und seinen Anhängern ein solcher Einspruch als unzweifelhaft bezeichnet. Einmal sei die

---

[1] Etym. Magn. u. d. W. Ἐννεάκρουνος, als deren (mittelbarer) Autor in Ber. d. Ges. 1887 S. 392 Anm. 1 der Kallimacheer Philostephanus nachgewiesen wurde.

Kallirrhoe-Enneakrunos am Westabhange der Burg thatsächlich jetzt konstatirt und zweitens sei nördlich von der Enneakrunos auch das Heiligthum des Dionysos ἐν λίμναις wieder aufgefunden. Beide Fragen verlangen eine Prüfung; die der ersten will ich kurz abthun, die der zweiten eingehender erörtern. Denn hinsichtlich der ersten scheint mir volle Klarheit erreichbar; in der zweiten, die wesentlich komplicirter ist, steht mir nur das negative Ergebniss sicher, ein positives ist zur Zeit zu voller Evidenz nicht zu bringen.

1. Die vermeintliche Krene Enneakrunos.

Auf die Enneakrunos-Frage mit allen ihren Details mich einzulassen, fühle ich um so weniger Anreiz, als sie neuerdings wieder und wieder auch in den Theilen, die der Natur der Sache nach sichere Entscheidungen nicht erlauben, hin und her gewandt worden ist[1]. Aber nöthig ist es, zu untersuchen, ob wir mit Recht behaupten dürfen, die Enneakrunos sei von DÖRPFELD wirklich in dem Sattel zwischen Westabhang der Akropolis und Ostrand des Pnyxhügels aufgefunden.

Das grossartigste und allen unerwartete Ergebniss der Ausgrabungen ist die imposante Leitung, die, reichliches Wasser aus dem oberen Ilissosthale zuführend, in einem mächtigen aus Poros aufgemauerten Kanal zwischen den beiden Dionysostempeln am Theater hindurch am Südabhang der Akropolis entlang und nach dem Austritt aus dem Burgfelsen bis zum Ostrand der Pnyx ging, und die DÖRPFELD nach technischen Indicien in das 6. Jahrhundert setzt und Peisistratos zuschreibt. Mit Freuden begrüsse ich das Ergebniss, das etwa in Einzelheiten als noch nicht völlig sicher[2]) anzuzweifeln ich

---

[1] Die Kontroverse hat sich namentlich wie in den oben S. 1 aufgeführten Aufsätzen BELGER's und DÖRPFELD's, so auch zwischen NIKOLAIDES (ἐφ. ἀρχ. 1893 S. 177 ff.) und DÖRPFELD (ἐφ. ἀρχ. 1894 S. 1 ff.) abgespielt. Auch BODENSTEINER hat in den Blättern f. bayer. Gymn. Wes. XXXI. (1895) S. 210 ff. die Frage sehr kategorisch im DÖRPFELD'schen Sinne entschieden. Eine jüngste Rekapitulation der ganzen ewigen Streitfrage (in der ja auch ich schon wiederholt das Wort ergriffen habe) durch BLÜMNER findet sich in dem Kommentar seiner mit HITZIG gemeinschaftlich veranstalteten Ausgabe des Pausanias I. (1896) S. 166 ff.

[2] Wie es MILCHHÖFER a. a. O. S. 174. 175 thut.

um so weniger Anlass sehe, als die versprochenen detaillirten Pläne der ganzen Anlage (Mitth. XIX. S. 506) noch ausstehen.

Vielmehr erkenne ich hier dankbar eine sehr erwünschte Bereicherung unserer Kenntniss von der Bauthätigkeit des Peisistratos an, die in bester Analogie mit dem steht, was wir von anderen Tyrannen jener Periode wissen. Unter Polykrates' Regierung wurde die berühmte Wasserleitung des Eupalinos in Samos angelegt[1]; dem Theagenes schrieben die Megarer die Zuführung grosser Wassermengen in ein stattliches und reichgeschmücktes Brunnenhaus ihrer Kapitale zu[2]. Für das materielle Wohl des Demos zu sorgen, auf den sie ihre Macht stützten, war begreiflicher Weise eine der wichtigsten Regierungsaufgaben der Tyrannen.

Allein bei dem bekannten Charakter unserer Ueberlieferung für das Zeitalter der Tyrannis will es gar nichts sagen, dass im Falle die Ausstattung der Enneakrunos mit diesen Wasserbauten des Peisistratos sich nicht deckt oder einen Theil von ihnen bildet, die uns erhaltene Litteratur von einer so namhaften Schöpfung keinerlei Gedächtniss bewahrt hat. Und es fehlt von vornherein jede Basis für einen Probabilitätskalkül, der so folgerte: 'Peisistratos war der Bauherr der Wasseranlagen am Westabhang der Burg wie die Reste lehren); derselbe Peisistratos legte den Brunnenplatz der Kallirrhoe an (wie in der Litteratur bezeugt ist'; mithin ist wahrscheinlich jene Wasseranlage an der Burg identisch mit der Enneakrunos'. Nur andere, in den Resten selbst gegebene Indicien vermögen der Folgerung Wahrscheinlichkeit oder selbst Sicherheit zu verleihen: an sich ist es ebenso denkbar, dass der Tyrann neben der ökonomischen Zwecken dienenden Wasserleitung auch eine alte heilige Quelle mit einem Prachtbau geschmückt hat (zumal seine Bauthätigkeit den Heiligthümern jener südöstlichen Gegend auch sonst zugewandt war).

Nehmen wir also zunächst den Thatbestand, wie ihn die Ausgrabungen ergeben haben, ganz voraussetzungslos auf, so finden wir — soweit sie für unsere Frage in Betracht kommen — folgende Einzelheiten festgestellt:

1) Der Endpunkt des eben erwähnten (Peisistratischen) Aquä-

---

[1] Vgl. FABRICIUS in Ath. Mitth. IX. S. 165.
[2] Pausan. I. 40, 1; 41, 2.

dukts fällt in 'ein an den Ostrand des Pnyxhügels sich anlehnendes Wasserbassin, das 'ursprünglich klein, in römischer Zeit vergrössert und vertieft wurde'; gleichfalls erst in römischer Zeit ist ein grosser Theil seines Wassers in die Unterstadt geleitet worden.

2) Vor dem Bassin, ca. 15—20 m nach Norden, war ferner ein Brunnenhaus angelegt. Aufgedeckt ist dies selbst zwar nicht, auch nicht in seinen Fundamenten; wohl aber fand man einzelne Steine, die ihm angehören müssen (Quader aus Poros und Hymettischem gelblichen Kalkstein, wie er für Unterbauten der Tyrannenzeit charakteristisch ist, mit Wasserrinnen und Brunnenmündung, mit Löchern zum Aufsetzen der Wassergefässe und ähnliches' und sehr wohl aus dem 6. Jahrhundert stammen können, in ein späteres Haus verbaut vor[1], das sich dicht dabei in römischer Zeit erhob. Ausserdem sind noch deutliche Spuren seines Umbaues in frührömischer Zeit vorhanden.

3) Vor diesem Brunnenhaus scheint sich ein geräumiger freier Platz ausgedehnt zu haben, da sich hier keine Spur einer Mauer aus vorrömischer Zeit findet.

4) In dem benachbarten Felsrand des Pnyxhügels sind mehrere Stollen und Kammern eingearbeitet, um Wasser zu gewinnen und zu sammeln; besonders stattlich ist eine Kammer mit Wasserbassin. [Bei den Ausgrabungen dieses Sommers (1896) sind eine Anzahl grosser Felsbassins, die durch Gänge untereinander verbunden waren und ein ganzes System alterthümlicher Wasserwerke bildeten, gefunden[2].]

5) Unmittelbar vor dem Pnyxfelsen zeigen sich über zwanzig Tiefbrunnen, wie überhaupt das ganze Terrain dicht mit solchen besetzt ist; ein Theil derselben ist wohl im Zusammenhang mit der ganzen Wasseranlage) bereits im 6. Jahrhundert zugeschüttet, wie sich aus dem Alter der im Schutte befindlichen Gefässscherben ergiebt.

6) Weiterhin finden sich zahlreiche tiefe Kanäle, die dazu dienten, das verbrauchte Wasser abzuführen.

Diesen Thatbestand legt nun Dörpfeld so aus, dass jenes Bassin das Sammelbecken der Enneakrunos war, das (später umgebaute)

---
1) Vgl. Ath. Mitth. XVII. S. 443; S. 505.
2) Mir steht darüber nur die kurze Mittheilung bei Belger in Berl. Philol. Wochenschr. 15. August 1896, Sp. 1067, zu Gebote.

Brunnenhaus die von Peisistratos hergerichtete Krene Enneakrunos, deren Bedeutung der freie Platz vor ihr illustrire, die Wasseranlagen im Pnyxfelsen, namentlich die eine stattliche zu den ursprünglichen Quellen der Kallirrhoe gehörten. Dürfen wir dem[1] zustimmen?

Gewiss haben wir hier einen hervorragenden alten Brunnenplatz: die Wasser, die sich an der Stelle fanden, genügten bei dem Wachsthum der Bevölkerung dem Bedarf der Gegend nicht und deshalb führte Peisistratos die kolossale Leitung hier an diesen Punkt, so dass nun die Menge des Kerameikos und der benachbarten Striche frisches und trinkbares Wasser die Fülle hatte. Aber was berechtigt, dies Brunnenhaus 'Krene der Enneakrunos' zu taufen?

Inschriften mit dem Namen der Enneakrunos oder Kallirrhoe sind keine gefunden, ebenso wenig Anathemata oder sonstige Monumente, die auch nur ahnen liessen, dass es sich hier um eine von Alters her geheiligte Quelle handele. Wird man auch aus diesem Fehlen noch nicht ein direktes Argument gegen die einstige Heiligkeit der Quelle, d. h. gegen ihre Identität mit der Kallirrhoe, entnehmen dürfen, sicher steht doch mindestens, dass die monumentalen Reste keinerlei direkte Anhaltspunkte für eine solche Identität bieten. Und mit den litterarischen Zeugnissen verhält es sich nicht anders.

Thukydides beschreibt allein — daran lässt sich nicht rütteln — die Fassung von offen hervorsprudelndem Quellwasser in ein Brunnenhaus mit neun Röhrenmündungen: ihm ist die κρήνη, die τῶν τυράννων οὕτω σκευασάντων Enneakrunos hiess, dieselbe, die in alten Zeiten φανερῶν τῶν πηγῶν οὐσῶν den Namen Kallirrhoe trug, die nämliche, deren Wasser in allerfrühester Zeit für heilige Ceremonien ebensowohl gebraucht wurde, wie zu seiner Zeit. Schön sprudelndes Quellwasser wurde ja, wie ich schon oben in anderem Zusammenhang hervorhob, geradezu für Kulthandlungen verlangt, mit Nichten Leitungswasser. Niemand kann behaupten, dass die Beschreibung und die dem Wesen der Sache nach voranszusetzende Eigenart der Enneakrunos sich bei unserem Wasserplatz in einem der wesentlichen Punkte voll wiederfinde. Das Brunnenhaus wird vorwiegend, wenn

---

[1] Das unter 3. beschriebene System alterthümlicher Wasserwerke hält DÖRPFELD nach BELGER a. a. O. für eine vorpeisistratische Anlage: wogegen ein principielles Bedenken nicht besteht. Natürlich bleibt genauer Bericht abzuwarten

nicht ausschliesslich, vom Aquädukt gespeist; man sieht jetzt überhaupt keine φανεραὶ πηγαί: die vorhandenen dünnen Wasserläufe könnte man nur mit arger Uebertreibung 'schönfliessend' nennen, und dass sie zu einer grossartigen Fontaine zusammengefasst sein könnten, vermag man sich nicht vorzustellen. Es musste also angenommen werden, dass Thukydides sowohl von dem Zustande dieses Quellortes vor der Tyrannis, als von der Anlage des Tyrannen, dem er doch ein lebhaftes Interesse zuwandte, sich eine höchst ungenaue, oder geradezu irrige Vorstellung gebildet hätte. Will man auf diesem Wege die auch in sich wohl begründeten Angaben des gewissenhaften Geschichtschreibers über Anlagen seiner Vaterstadt wirklich bei Seite schieben, so muss man doch mindestens sehr triftige Gründe vorbringen, die zu einer solchen Skepsis unweigerlich zwingen. Noch sehe ich aber keine.

Das einzige übrigbleibende Argument wird nämlich aus der Periegese des Pausanias entnommen, die wirklich die topographische Reihenfolge wahrte, wenn die Enneakrunos der aufgedeckte Wasserplatz war: denn dann wäre er einfach bei seiner Wanderung über die Agora am südwestlichsten Punkte, d. h. westlich des Areopags bei den Tyrannenmördern[1]), angelangt, die breite Hauptfahrstrasse, die im Alterthum vom Markte zur Akropolis führte und jetzt zum Theil wieder ausgegraben ist, bis zur Enneakrunos weiter gegangen und hätte sich dann wieder zurückgewandt zu dem westlich vom Markte gelegenen Kolonos und hierauf die Marktperiegese (mit Poikile u. s. w.) zu Ende geführt.

Ich brauche nicht zu versichern, dass Niemandem die Sicherung einer kontinuirlichen Reihenfolge in der Stadtperiegese des Pausanias erwünschter kommen könnte als mir: aber ich vermag die sanguinische Anschauung nicht zu theilen, dass dieses Ziel jetzt glücklich erreicht wäre, und zwar aus folgenden Gründen:

Erstens finde auf jeden Fall, d. h. selbst wenn wirklich die Enneakrunos an der von DÖRPFELD angenommenen Stelle läge, mit der 'Enneakrunos-Episode' eine Unterbrechung der Marktperiegese statt. Zwar nimmt DÖRPFELD offenbar an, dass der Markt sich nicht bloss an dem Nordabhang des Areopags, sondern auch westlich desselben

---

1) S. Ath. Mitth. XX. S. 185.

und dann weiter südlich am sogenannten Lenaion vorbei, etwa bis zu dem Brunnenplatz erstreckt habe: denn er lässt die am Markt aufgestellten Statuen der Tyrannenmörder westlich des Areopags liegen und verlegt das Lenaion (das er südlich des Areopags wiedergefunden zu haben glaubt) gleichfalls an den Markt[1]). Eine Ausdehnung des Marktes von der Nordgrenze, die doch zum mindesten dicht nördlich der Attalos-Stoa angesetzt werden muss, bis zu dem Enneakrunosplatz ist jedoch meines Erachtens eine Vorstellung, die allen für das alte Athen bekannten Grössenverhältnissen direkt widerspricht, und die Hypothese, dass die Attalos-Stoa an einem erst neugeschaffenen Platze angelegt war[2]), der eine Erweiterung des Marktes nach Osten darstellte, schwebt ganz in der Luft. Ausserdem führt kein sicheres Zeugniss für irgend ein Marktgebäude über die Linie des Nordrandes des Areopags weiter nach Süden.

Zweitens ist die Ansetzung der Orchestra mit den Tyrannenmördern westlich des Areopags, 'wenige Schritte' nördlich des sog. Lenaions, wie sie jetzt DÖRPFELD annimmt, gleichfalls weit davon entfernt, bewiesen zu sein. Schon der Umstand, dass man, wie die Scene bei Aristophanes, Ekkles. 682 ff. zeigt, von der Orchestra aus eine grosse auf der Agora versammelte Menge bequem überblicken konnte, spricht nicht für ihre Lage in jener Ecke. Die Aeusserung Arrhian's (Anab. III. 16, 8), Harmodios und Aristogeiton ständen ᾗ ἄνιμεν ἐς πόλιν, hat ja sicher allen Anspruch auf Beachtung, da er aus Autopsie schreibt; nur ist der Ausdruck für uns doch zweideutiger, als wir wünschen möchten. Zwei Wege führten auch in römischer Zeit nach der Burg herauf; das lehrt die bekannte Erzählung des Verfassers des 30. Diogenesbriefes: ἦγεν ἡμᾶς (Antisthenes vom Kynosarges kommend) εἰς ἄστυ καὶ δι' αὐτοῦ εὐθὺς εἰς τὴν ἀκρόπολιν· καὶ ἐπεὶ ἀγχοῦ ἐγενόμεθα, ἐπιδείκνυσιν ἡμῖν δύο τινὲ ὁδοὺς ἀναφερούσα, τὴν μὲν ὀλίγην προσάντη, τε καὶ δύσκολον, τὴν δὲ πολλὴν λείαν τε καὶ ῥᾳδίαν. Von diesen zwei Wegen ist der lange, glatte und bequeme die jetzt in einer beträchtlichen Strecke aufgedeckte Fahrstrasse nach der Burg; der andere kurze, steile und unbequeme der Aufstieg für Fussgänger, der in dem Sattel zwischen Burghügel und Areopag direkt

---

[1] Ath. Mitth. XXI. S. 181 ff.
[2] Ath. Mitth. XV. S. 345.

nach der Burg hinaufführte. Der Fussweg führte an all den Stiftungen vorbei, die den ältesten äusseren Thorweg bis zu dem Eingang in das neunthorige Vorwerk begleiteten; hier war also in früheren Zeiten, bevor man den bequemen Fahrweg angelegt hatte, der gewöhnliche Zugang zur Burg. An sich ist mithin Beides möglich: die Worte ἣ ἄνιμεν ἐς πόλιν können sich auf den Fahrweg beziehen (das ist unbedenklich zuzugeben), sie können aber auch auf den Fussweg gedeutet werden.

Bringt also dieses Zeugniss keine Entscheidung, so empfiehlt eine andere Erwägung auch jetzt noch die Tyrannenmörder vielmehr an dem Nordostfuss des Areopags zu suchen.

Denn der in ihrer Nachbarschaft (Arrh. a. a. O.) bezeugte Altar der Heudanemen kann — soweit unser Wissen zur Zeit reicht — nicht wohl von jener Gruppe athenischer Gottheiten getrennt werden, die einen Zusammenhang mit Eleusis erkennen lassen[1], und deren Stätte durch die Eumenidenschlucht unverrückbar gesichert ist; und trifft diese Annahme zu, so musste Pausanias den ganzen langgedehnten Areopag auf seiner Nordseite entlang und hierauf längs der Westseite umwandern und erst dann gelangte er, weiter nach Süden ziehend, zu der Enneakrunos mit Umgebung.

Mithin ein Sprung, vielleicht sogar ein recht grosser Sprung des Pausanias aus seiner Marktperiegese heraus würde uns auch dann nicht erspart, wenn er bloss bis zu dem jetzt aufgedeckten Stadtbrunnen ginge; dass der Sprung wesentlich kleiner wird als bei der gewöhnlichen Annahme, will nicht viel besagen, zumal wir ja noch immer nicht wissen, wodurch der Perieget zu dieser Abschweifung verführt wurde, die wir als Enneakrunos-Episode zu bezeichnen pflegen. Jedenfalls wird man zugeben müssen, dass der gegenwärtige Stand unseres topographischen Wissens über die Agora nicht ausreicht, um zu erweisen, dass wirklich der fragliche Brunnen so

---

1) S. Stadt Athen II. S. 442 und Töpfer, Att. Geneal. S. 171 ff.; trotz einleuchtender Richtigkeit der Einwendungen von Rohde, Psyche I. S. 195, Anm. 3, ist dieser Zusammenhang wahrscheinlich durch die Betheiligung des Hierophanten beim Kultdienste des Pluton, die durch die Inschriften CIA II. 948. 949 (Suppl. IV. pars II. p. 215) bezeugt ist, da von einer anderen Stätte als bei den Semnai (Paus. I. 28, 6) ein Kult des Pluton in Athen uns nicht bekannt ist und auch der Fundort der Inschr. 949 für diese Annahme spricht.

nahe bei den Tyrannenmördern lag, dass es sich bei der Wanderung zu ihm vom Marktplatz aus lediglich um eine kleine, sich wohl einfügende Nebentour handelte.

Zudem ist doch von den Anlagen, die Pausanias bei der Enneakrunos anführt, keine bisher aufgedeckt worden, weder das Odeion noch das Mysterienheiligthum. Dass das Eleusinion am Westabhang der Burg liegt, habe ich selber seit lange für wahrscheinlich gehalten; aber selbst wenn sich dies in jener Gegend noch fände, wäre für die Enneakrunos doch noch nichts entschieden. Die bekannte schöne Aussage des Pausanias (I. 14, 3) πρόσω δὲ ἰέναι με ὡρμημένον τοῦδε τοῦ λόγου (über Triptolemossagen, über die er, anknüpfend an die Triptolemosstatue in dem einen der Mysterientempel bei der Enneakrunos gesprochen hat) καὶ ὁπόσα ἐξήγησαν (vielleicht (ἐς) ἐξήγησιν ὁπόσων, wie jetzt Hitzig vorschlägt) ἔχει τὸ Ἀθήνησιν ἱερόν, καλούμενον δὲ Ἐλευσίνιον, ἐπέσχεν ὄψις ὀνείρατος kann unmöglich erweisen, dass bisher eben von diesem Eleusinion die Rede war. Wenn nicht geradezu erfordert, mindestens auch zulässig ist die Erklärung, dass bisher von einem anderen Mysterienheiligthum Athens, also dem in Agrai die Rede war, Pausanias seine Mysterienweisheit auch über Dinge im städtischen Eleusinion ausschütten wollte, davon aber abspringt und wieder zu jenem anderen Heiligthum zurückkehrt mit den Worten: πρὸ τοῦ ναοῦ τοῦδε, ἔνθα καὶ τοῦ Τριπτολέμου τὸ ἄγαλμα (I. 14, 4).

Und endlich, was er von der Enneakrunos sagt (I. 14, 1: πηγὴ αὕτη μόνη), das ist, auf den jetzt nachgewiesenen Stadtbrunnen bezogen, doch sicherlich eine wunderliche Umkehr des Richtigen. Der Brunnen enthielt vorwiegend, vielleicht zu seiner Zeit ausschliesslich, Leitungswasser und die hier einst vorhandene πηγή hatte ihres Gleichen noch mehrere an den Abhängen der Akropolis. Dass Pausanias auch derartige Irrthümer, bald auf die eine, bald auf die andere Weise zu falschen Vorstellungen verleitet, sich hat zu Schulden kommen lassen, wissen wir ja und müssten es uns, festen Gründen gegenüber, auch hier gefallen lassen. Hier liegt die Sache aber anders: auf seine vermeintliche Aussage hin sollen wir andere unzweifelhafte Zeugnisse ignoriren oder gar den kleinen Periegeten, der sich eben hier als recht schlecht unterrichtet zeigen würde, gegen den grossen Historiker als vernichtenden Zeugen auftreten lassen; das ist eine Zumuthung, gegen die ich mich entschieden wehren muss.

2. Das vermeintliche Lenaion oder Dionysion ἐν Λίμναις.

Wir wenden uns nun zu einem zweiten Hauptergebniss der Ausgrabungen, zu der Aufdeckung der Reste eines alten Heiligthums, das DÖRPFELD mit Bestimmtheit als 'das Lenaion oder Dionysion in den Limnai' in Anspruch nimmt, indem er, wie das bis vor kurzem ganz allgemein geschah, völlige Identität der beiden voraussetzt oder (ganz neuerdings) wenigstens ihre örtliche Nachbarschaft annimmt.

Ursprünglich brachte man das in den Limnai gelegene Heiligthum des Dionysos, das Thukydides an der oben erörterten Stelle unter den ältesten Heiligthümern der Stadt nennt, zusammen mit dem ἀρχαιότατον ἱερὸν τοῦ Διονύσου, das Pausanias (I. 20, 3) als beim Theater gelegen bezeichnet und suchte dementsprechend Limnai in der Niederung südlich des Theaters, während man den eigentlichen Kultusbezirk des Gottes an dieser Stätte Lenaion nannte[1]). Als dann die Ausgrabung beim Theater die zwei von Pausanias a. a. O. erwähnten Tempel aufdeckte[2]), nahm man den nördlicheren, weil älteren für das älteste, nur einmal im Jahre geöffnete Anthesterienheiligthum[3]).

Einleuchtend entwickelte jedoch WILAMOWITZ[4]), dass das Dionysion, das dem Eleuthereus gehörte, mit dem Heiligthum des ionischen Anthesteriengottes unmöglich eins sein könne: und so fiel der einzige Halt, der für eine genauere topographische Fixirung des letzteren vorhanden war. Man begnügte sich also jetzt damit, es auf Grund der Thukydides-Stelle im Allgemeinen im Südosten der Stadt zu suchen, ohne den Platz genauer zu bezeichnen[5]).

Nur DÖRPFELD hatte seit Jahren in seinen öffentlichen Vorträgen

---

1) So auch 'Stadt Athen im Alt.' I. S. 243 (geschrieben vor den Ausgrabungen der beiden Tempel südlich des Theaters); ebenso noch MILCHHÖFER in Baumeister's Denkm. I. S. 169; CURTIUS, Stadtgesch. v. Athen, S. 78.
2) S. den Plan zu den Πρακτικά τ. ἀρχ. ἑταιρ. 1879 und den von DÖRPFELD bei CURTIUS a. a. O. [jetzt im Theaterbuch Taf. I und II].
3) So z. B. MILCHHÖFER a. a. O.
4) Herm. XXI. S. 617 f. [Auch hebt jetzt ganz richtig DÖRPFELD, das griechische Theater (1896) S. 8 f., hervor, dass dann ja das Hieron des Dionysos auch nicht an den grossen Dionysien hätte betreten, noch aus ihm die Statue de Eleuthereus zu der bekannten Procession abgeholt werden können.]
5) So auch 'Stadt Athen im Alt.' II. S. 272 Anm. 2.

und gelegentlichen gedruckten Aeusserungen unser Heiligthum im Nordwesten der Stadt angesetzt, indem er es für das von Pausanias (I. 2, 5) an der Eingangsstrasse vom Dipylon nach der Agora angeführte τοῦ Διονύσου τέμενος hielt: und dieser Auffassung hatten sich mit unwesentlichen Modifikationen Mehrere angeschlossen[1]). Doch änderte Dörpfeld seine Meinung schon vor Beginn der Ausgrabungen und bezeichnete die tiefste Stelle südlich des Areopags als seinen Platz[2]). Als er nun bei den Ausgrabungen Reste eines Heiligthums fand, die er auf das Dionysion ἐν Λίμναις deuten zu können glaubte, erhielt seine Ueberzeugung von der Richtigkeit seiner Kombination eine sehr hohe subjektive Stärke, die sich naturgemäss auch bei denen geltend machte, die mit ihm in persönliche Berührung traten. Um so vorsichtiger müssen wir nun nachprüfen.

Auch hier sind unmittelbar Aufschluss gebende Inschriften nicht gefunden; denn so viel ich weiss, ist von keiner irgend kompetenten Seite für das Lenaion der Zufall ausgebeutet worden, dass an dieser Stätte drei Stirnziegel mit dem Fabrikantennamen Ληναίου gefunden sind[3]). Mithin beginnen wir auch hier am besten mit einer Feststellung des Thatbestands der Ausgrabungen.

Nördlich von dem Brunnenhaus, der sogenannten Enneakrunos, aber noch ein Stück südlich des Areopags, der hier mit seiner Südwestecke ziemlich dicht an den Pnyxhügel herantritt, also so recht eigentlich in dem tiefsten Theile der Thalmulde zwischen Areopag, Pnyx und Akropolis liegt ein dreieckiger Bezirk. Seine Grundlinie stösst unmittelbar an die grosse, nach der Burg führende antike Strasse; er wird aber auch auf den beiden anderen Seiten von öffentlichen Strassen begrenzt. Die aus polygonalen Kalksteinen erbaute Umfassungsmauer umschliesst eine Gesammtfläche von etwa 560 Quadratmeter Inhalt. In deren Mitte erhebt sich ein tischförmiger Altar, während in der südlichen Ecke eine Kelter in ganz ähnlicher Weise

---

1) Dörpfeld sprach sich in diesem Sinne z. B. Philol. Wochenschr. 12. April 1890 Sp. 461 aus. Ihm stimmten im Wesentlichen bei J. Harrison, Mythol. and mon. of Athens p. 13. 21; Maass, de Lenaeo et Delphinio (ind. lect. Gryph. 1891/2) p. 9; Pickard in Americ. journ. of archeol. 1893 p. 56.

2) Ath. Mitth. XVII. S. 439.

3) Zuerst erwähnt diesen Fund und seine mögliche Verwendung gerüchtweise Stahl L. S. 307 Anm. 1; publicirt sind diese Fabrikantenstempel von Pridik in Ath. Mitth. XXI. S. 183.

angelegt ist, wie noch heutigen Tages in Griechenland die Weinkeltern hergestellt zu werden pflegen [1]).

Doch zeigte sich das ganze Gebiet über zwei Meter tief verschüttet und diese Verschüttung muss schon Ausgang der griechischen Periode vorhanden gewesen sein. Denn bereits in spätgriechischer oder frührömischer Zeit erhob sich über der Schuttschicht ein Gebäude, das in spätrömischer Periode umgebaut worden ist, und das sich als Bakcheion, d. h. das Versammlungshaus eines der in Hellas so zahlreichen religiösen Thiasoi und zwar des der Jobakchen, herausgestellt hat. Das lehrt eine gleich genauer zu besprechende Inschrift. In seiner späteren Gestalt überdeckt das Vereinshaus nicht bloss die östlich anstossende Strasse, sondern mit einem Anbau noch einen zweiten kleineren Bezirk, der gleichfalls von einer polygonalen Mauer eingefasst war und ein kleines Heiligthum der Artemis enthielt. Artemis-Statue und -Statuette und ein Altar mit der Aufschrift Ἀρτέμιδος ἐπήθου wurden noch aufgefunden und in dem grossen Vorraum standen zwei Altäre, deren einer die Inschrift trägt: Κουροτρόφου παρὰ Ἄρτεμιν.

Ausserdem fanden sich in den untersten Erdschichten des grossen Bezirkes, namentlich in der Nähe des grossen Altars, massenhafte Scherben der ältesten und späteren griechischen Zeit von Amphoren, Krateren, Loutrophoren, Lekythen, Tellern und Schalen; besonders zahlreich sind namentlich Schalenfüsse [2]).

DÖRPFELD erklärt nun den grösseren Bezirk für das Lenaion oder Heiligthum des Dionysos in Limnai und sieht in dem kleinen [3]) das alte Hieron der Artemis in Limnai, von dem der Scholiast zu Kallimachos' Hymnos auf Artemis V. 172 spreche.

Das Letztere scheint jetzt fallen gelassen zu sein und muss jedenfalls ganz ausscheiden, da es ein Heiligthum der Artemis in den athenischen Limnai gar nicht gab; die Stelle des Kallimachos bezieht

---

[1]) Es mag doch hervorgehoben werden, dass bereits MOMMSEN, Heortol. d. Ath. S. 339, diese Bauweise für die antiken ληνοί angenommen hatte; seine Vermutung ist nun monumental bestätigt.

[2]) Auch von den 385 (von PAOIS a. a. O. S. 127 ff. registrirten) Amphorenhenkeln, die am Westabhang der Akropolis während den fünfjährigen Ausgrabungen des Instituts gefunden sind, stammen die meisten wohl aus diesem Gebiet.

[3]) Ath. Mitth. XIX. S. 150.

sich auf den berühmten Tempel der Artemis in dem messenischen Orte Limnai¹). Halten wir uns also an das Dionysion 'in den Sümpfen'²).

Dass wir wirklich ein Dionysion vor uns haben, dafür spricht manches: einmal die Kelter und namentlich die Masse zerbrochener Trinkgefässe; zum anderen der Umstand, dass später auf derselben Stätte sich eine bakchische Genossenschaft niederliess. Im strengen Sinne beweisend ist freilich nichts von alledem. War der Platz einmal so gründlich verschüttet, wie es hier — in Folge welcher Vorgänge immer — der Fall ist, konnte sicher auf dem leergewordenen Raume jede beliebige Genossenschaft ihren Sitz aufschlagen, auch eine solche, deren Dienst ganz anderen Göttern galt, als den dereinst hier verehrten, deren Gedächtniss der lebenden Generation vielleicht ganz geschwunden war. Spenden mit Wein werden den verschiedensten Gottheiten gebracht, bei der Eiresione kamen auch viele Schalen und Töpfe zur Verwendung u. s. f. Auch der Zusammenhang der Kelter mit dem Dienste des Lenäischen Gottes bleibt, weiterer Aufklärung bedürftig³). Immerhin liegt es am nächsten, an ein Dionysion zu denken; warum aber muss es gerade das in Limnai sein?

Für diese Schlussfolgerung werden zunächst auf Grund einer grossen, aus der Mitte des dritten Jahrhunderts n. Chr. stammenden Inschrift⁴), die über die Wirksamkeit des Thiasos der Jobakchen reichen Aufschluss gewährt, einige Züge geltend gemacht, die der

---

1) S. Stadt Athen I. S. 354 Anm. 3. Sonst gab es eine Artemis mit dem Beinamen λιμναία auch in Sparta (Paus. III. 14, 2) und in Sikyon (Paus. II. 7, 6). Ausserdem wurde Artemis noch als λιμνῆτις oder λιμνᾶτις verehrt, sowohl in dem messenischen Limnai als in einigen anderen Orten, aber Athen befindet sich auch unter diesen nicht.

2) Auch bei der neuen Modifikation seiner Ansicht (Ath. Mitth. XX. S. 368 ff.) hält DÖRPFELD doch diesen Hauptpunkt fest, dass der aufgedeckte Bezirk das 'Dionysion in den Sümpfen' sei, während er das Lenaion nur in der Nähe sucht (s. unten).

3) Man hat jüngst wiederholt auf die ἱερά ληνός in Eleusis hingewiesen (so MAASS, Orpheus S. 55 und MILCHHÖFER a. a. O. S. 172): es ist vielleicht nicht überflüssig zu bemerken, dass sich diese unter der Behandlung von KÖHLER in CIA IV pars II p. 202 wieder verflüchtigt hat, da er die betreffenden Worte der eleusinischen Inschrift CIA II n. 834ᵇ, frg. b Kol. I Z. 44 statt ἱε]ρ[ᾶ]ς λ[η]νοῦ unzweifelhaft richtig παρὰ Σά[υ]νου liest.

4) Publicirt und besprochen ist sie von WIDE in Ath. Mitth. XIX. S. 248 ff.

Thiasos aus dem alten Staatskult des lenäischen Dionysos bewahrt haben soll, so dass wir seinen Kult für eine Fortsetzung des alten Staatskultes halten dürften [1]). Doch war ja der alte Staatskult der Lenäen selbst in der Kaiserzeit gar nicht erloschen (s. unten S. 56), und die vermeintlichen Bezüge und Berührungen haben sich rasch als unhaltbar herausgestellt [2]). Nur einen Punkt scheint es nöthig, auch jetzt noch kurz zu besprechen, da er mit anderen Irrthümern zusammenhängt oder sich auf sie stützt.

Der auf der Inschrift Z. 122 erwähnte Bukolikos soll an das Bukoleion erinnern und dies selbst in Limnai liegen. Letzteres war bereits von Anderen angenommen worden [3]): MAASS setzte sogar direkt das Bukoleion gleich Lenaion. Das Alles lediglich auf Grund der Meldung von Aristoteles Aθ. πολ. 3, 5, dass die Vermählung der Basilissa mit Dionysos im Bukoleion stattgefunden habe.

Das ist ein Schluss, der von der Voraussetzung ausgeht, dass auch dieser Theil der Anthesterienfeier im Limnaiheiligthum vor sich gegangen sein müsse, wie bekanntermaassen andere [4]). Der Schluss ist aber irrig: denn das Bukoleion ist eine zum Basileion gehörige Anlage und da sich hier die Amtstätte des Archon Basileus befand, ist auch die Hochzeit der Basilissa ebenda ausgerichtet, nicht in dem Hause des Gottes, mit dem sie vermählt wurde. Und ganz direkt bezeugt ja Aristoteles a. a. O., dass Basileion und Bukoleion beim Gemeindeherd (bei dem Prytaneion, dem einzigen, das Athen kennt) lagen [5]), nicht in Limnai.

Andererseits ist aber auch keinerlei Beziehung zwischen dem Bukoleion in Athen und den neuerdings viel besprochenen [6]) βουκόλοι nachzuweisen, zu denen man den βουκολικός der Inschrift doch wird stellen müssen. Das Einzige, was wir vom Bukoleion wissen, ist

---

1) WIDE a. a. O. S. 266. 271. 279; DÖRPFELD XX. S. 205.
2) S. MAASS, Orpheus S. 56 f.
3) MAASS im Herm. XXIV. S. 184 Anm. 2, de Lenaeo et Delphinio (1891) p. III f., CRATIUS in der Märzsitz. d. arch. Ges. in Berl. 1890 (Arch. Anz. 1891 S. 69).
4) Hesych. Ίεραρα(· τῷ Διονύσῳ τῷ ἐν Λίμναις τὰ ἱερὰ ἐπιτελοῦσι.
5) Vgl. über das Alles theils JUDEICH im Rhein. Mus. XLVII. S. 53 ff., theils meine beiden Artikel 'Basileion' und 'Bukoleion' in WISSOWA's Real-Encykl.
6) SCHOLL, Satura Saupp. p. 178 ff., hat zuerst die Bedeutung der βουκόλοι richtig erkannt; dann folgten die Untersuchungen von DIETERICH, de hymn. orphic. p. 3 ff.; REITZENSTEIN, Epigramm u. Skolion S. 203 ff.; MAASS, Orpheus S. 180 ff.

eben seine Beziehung zum Archon Basileus und seine Lage beim Prytaneion: aber zum Dionysos-Dienst führt keine Brücke und im Dionysos-Dienst sind die βουχόλοι überall in erster Linie thätig¹). Der Einfall, dass das Bukoleion als Kultstätte des Διόνυσος ταύρος anzusehen, ist lediglich aus dem Namen gezogen, der auch ganz anders geartete Deutungen zulässt²) und allein überhaupt einen so weitgreifenden Schluss nicht gestattet.

So bleiben der These, dass das aufgedeckte Heiligthum das Dionysion 'in den Sümpfen' sei, als Stütze nur die allgemeinen Anschauungen über dies Dionysion, sein Verhältniss zum Lenaion und über die Lage beider, Anschauungen, die ja freilich in erster Linie von der Stellung abhängen, die man zu der oben behandelten Thukydides-Stelle einnimmt, aber doch auch davon unabhängig eine eingehende Erörterung zulassen und um so mehr verdienen, als hier wichtige und sehr umstrittene Probleme vorliegen.

Ich erledige zunächst einige in sich abgeschlossene Streitfragen, die aber mit dem uns in erster Linie beschäftigenden Problem theils wirklich auf's innigste verknüpft, theils wenigstens mit ihm in Zusammenhang gebracht sind.

Das Interesse der Philologen hat wegen der nahen Berührung mit der Theatergeschichte besonders die Frage in Anspruch genommen: ist das Fest der Anthesterien mit dem der Lenäen identisch oder nicht?

Schon SELDEN, CORSINI und RUHNKEN hatten angenommen, dass beide Feste zusammenfallen. Mit einer seiner berühmtesten Abhandlungen hatte dann aber BÖCKH 'vom Unterschied der attischen Lenäen, Anthesterien und ländlichen Dionysien'³) Ordnung in den Wirrwarr, den schon die Grammatikerüberlieferung bot und der durch zahlreiche Specialerörterungen neuerer Gelehrten sich noch mehr verfitzt hatte, zu bringen gesucht und für längere Zeit siegte seine Autorität über allen Widerspruch; jedenfalls wurde RINCK's freilich sehr willkürlich hingestellte Behauptung von der Identität der Anthesterien und Lenäen (Religion der Hellenen. II. 1854 S. 82 ff.) kaum beachtet. Zuerst brachte

---

1) Vgl. KERN in Jahrb. d. arch. Inst. 1896 S. 115 ff.
2) S. meinen Artikel 'Bukoleion' a. a. O.
3) Abh. d. Berl. Akad. 1816/17 = Ges. kl. Schr. V. S. 65 ff.

dann wieder Otto Gilbert in einer besonderen Schrift 'Die Festzeit der attischen Dionysien' (1872) jene beiden Feste zusammen; jedoch auch er drang nicht durch[1]). Zu demselben Resultat gelangte nun aber vor Kurzem J. Pickard in einem 'Dionysos ἐν Λίμναις' betitelten Aufsatz[2]). Diesen Gedanken hat auch Dörpfeld wieder aufgegriffen und verwendet ihn bei seinen Beweisführungen wiederholt, ohne ihn speciell zu erörtern; dagegen hat aber, um Dörpfeld's Anschauungen zu Hülfe zu kommen, Bodensteiner[3]) die Streitfrage eingehend rekapitulirt und für das sichere Hauptresultat erklärt: 'Anthesterien und Lenäen sind ein Fest, bald nach dem Monat, bald nach dem Lokal benannt'.

Es ist nicht nöthig, auf alle in diese Frage hineingezogenen Momente einzugehen: denn entscheidenden Einspruch erhebt gegen die ganze Aufstellung die vollkommen sichere Kalenderordnung. Die Lenäen wurden am 12. Gamelion (Januar) gefeiert, die Anthesterien am 11.—13. Anthesterion (Februar). Das ist für die Anthesterien ja nie bezweifelt, steht aber auch für die Lenäen fest. Sie sind ein allgemeines ionisches Fest: für Mykonos bekundet die Opferordnung 'Αθην. II p. 237 = Dittenberger, Syll. n. 373 (besser von Latyschew im Bull. de corr. Hell. 1888 p. 460 edirt, mit einer Kollation Körte's wiederholt und kommentirt bei de Prott, leg. Graec. sacr. fasc. 1 n. 4 p. 13) Z. 24 (Ληναιῶνος) δυωδεκάτῃ Διονύσῳ Ληνεῖ ἐτήσιον; für Andros Plin. n. h. II 103, 231 *Andro in insula templo Liberi patris fontem nonis Januariis semper vini sapore fluere Mucianus ter consul credit*[4]).

Für Athen bezeugt die Feier der Lenäen im Gamelion[5]) das Lexicon rhetoricum in Bekker's An. Gr. I S. 235, 7 (ἤγετο ... τὰ δὲ Λήναια Γαμηλιῶνος, τὰ δὲ [Διονύσια] ἐν ἄστει Ἐλαφηβολιῶνος) und, was wichtiger ist, die Urkunde aus dem Jahre 32⅔ v. Chr. (CIA II n. 834 b),

---

1) Noch jetzt ist lesenswerth, was gegen diese Aufstellung in aller Kürze Schömann, Gr. Alterth. II.³ S. 597 f. im Anhang bemerkte.
2) Im 'American journal of Archeol.' VIII. (1893) S. 56 ff.
3) Mitth. f. bayr. Gymn.-Schulw. XXXI (1895) S. 217 ff.
4) Vgl. Usener, Acta S. Timothei p. 24 ff., de Prott a. a. O. p. 17.
5) Die von Vielen angenommene Beziehung des nach der alten Opferordnung von Athen (CIA I 4 Z. 17) im Gamelion Διονύ[σῳ gebrachten Opfers auf die Lenäen ist jedoch nicht bloss nicht erwiesen, sondern nachweislich irrig: vgl. de Prott, leg. Gr. sacr. fasc. 1 p. 3. 11. 17.

die die Rechnungslegung zweier staatlichen Behörden[1]), der eleusinischen ἐπιστάται und der Schatzmeister der Göttinnen enthält. Diese erwähnt nämlich in der 6. Prytanie (Kol. II Z. 1 ff.) unter den nach zeitlicher Abfolge geordneten Ausgaben erst (Z. 8) eine Zahlung für Zimmerarbeit an den Haloen (die Ende Poseideon gefallen sein müssen), dann (Z. 16) ἐπιστάταις Ἐπιλήναια εἰς Διονύσια θῦσαι ΔΔ, wesentlich später (Z. 68) εἰς Χόας δημοσίοις ἱερεῖον ΔΔ Ι·Ι·Η. Die 6. Prytanie muss ungefähr vom letzten Poseideon durch den Gamelion hindurch bis Anfang Anthesterion gelaufen sein; die Ausgabe für die Choen wird einige Zeit vor dem Festtag (12. Anth.) fallen, da das Opferthier doch erst zu beschaffen war und ähnliche Anticipationen auch sonst in dieser Rechnung vorkommen. Immer genügt das, was wir wissen, um zu erkennen, dass die Lenäen in den Gamelion fielen. Denn dass die Ἐπιλήναια nicht ein besonderes, nach den Lenäen fallendes Fest waren, wie jüngst DE PROTT meinte[2]), sondern die Lenaien selbst, lehrt schon das Wort, das sich als regelrechtes Adjectivum neben ἐπὶ Ληναίῳ stellt und direkt zur Bezeichnung der Lenäen verwandt wird, nicht bloss in Schol. Arist. Acharn. 202: ἔνθεν τὰ Λήναια καὶ ὁ ἐπιλήναιος[3]) ἀγὼν τελεῖται τῷ Διονύσῳ, sondern auch bei Aristoteles Ἀθ. πολ. K. 57, 1 (ὁ βασιλεὺς ἐπιμελεῖται) Διονυσίων τῶν ἐπιληναίων. Denn so steht im Papyrus und es wird nun kaum noch nöthig sein, dies als richtige Ueberlieferung gegen die von allen Herausgebern beliebte Aenderung in ἐπὶ Ληναίῳ zu schützen, nachdem dieselbe

---

[1] Dass auch die ἐπιστάται οἱ Ἐλευσινόθεν vom Volke gewählt wurden (und zwar auf vier Jahre), steht jetzt fest: s. CIA II n. 767ᵇ (in IV pars II p. 183) und KOHLER in CIA IV pars II p. 204.

[2] A. a. O. S. 11 'Festum hoc esse post Lenaea actum apparet'. In den Add. et Corr. p. 45 stellt er, wie ich nachträglich sehe, noch eine andere Ansicht auf, die ich nicht ganz verstehe: 'Lenaia ... Eleusine, quippe ubi non esset Lenaeum, Ἐπιλήναια Διονύσια fieri necesse erat'. Etwas specifisch Eleusinisches liegt jedenfalls nicht vor. Die Lenäen haben vielmehr 'ebenfalls eine mystische Seite' (BOECKH, Staatsh. d. Ath. II² S. 126), weshalb neben dem Archon König auch die ἐπιμελῆται τῶν μυστηρίων ihnen vorstehen. Uebrigens wird aus derselben Kasse auch ein Beitrag zu den Dionysien im Peiraieus geleistet: s. CIA II n. 834ᵇ frg. b Kol. I Z. 29 (IV pars II p. 202) εἰς Διονύσια τὰ ἐν Πειραιεῖ ἐπιστάταις εἰς θυσίαν ΔΔ.

[3] Ganz unzulässig ist die Aenderung in ἐπὶ Ληναίῳ, die RUHNKEN, Auct. ad Hesych. I p. 999, 10, vorschlug.

Form in einer ungefähr gleichzeitigen Urkunde erschienen ist [1]). Wohl aber muss es ausdrücklich noch hervorgehoben werden, dass in der eleusinischen Inschrift die Lenäen der Zeit nach vorausgehen den Choen, damit also die Verschiedenheit beider Feste so direkt wie möglich bezeugt ist (wenn auch zunächst nur für Ausgang des 4. Jahrhunderts).

Das Zweite, was ich noch kurz konstatieren möchte, weil das längst erkannte Richtige immer wieder in Vergessenheit geräth [2]), betrifft die ἀγῶνες χύτρινοι, von denen Philochoros (Frg. 137 bei Müller FHG I S. 407) gesprochen hat, offenbar im Zusammenhang mit der von Lykurgos eingeführten Reform, über die bei Ps. Plut. Leb. d. 10 Redn. S. 841ᵉᶠ berichtet wird. Gilbert und Bodensteiner (S. 220) meinen, diese Agonen an den Chytren seien weiter nichts als die auf den Tag der Anthesterien fallenden Lenäischen Agonen: und Dörpfeld (Mitth. XX. S. 183 u. 205) entnimmt aus der Nachricht sogar, dass der Agon der Lenäen oder Anthesterien schon im 4. Jahrhundert eine Zeit lang unterblieben war, aber von Lykurg wieder erneuert und in das Theater beim Bezirk des Eleuthereus verlegt wurde. Die Worte bei Ps. Plut. (Λυκοῦργος) εἰσήνεγκε νόμους, τὸν μὲν περὶ τῶν κωμῳδῶν, ἀγῶνα τοῖς Χύτροις ἐπιτελεῖν ἐφάμιλλον ἐν τῷ θεάτρῳ καὶ τὸν νικήσαντα εἰς ἄστυ καταλέγεσθαι, πρότερον οὐκ ἐξόν, ἀναλαμβάνων τὸν ἀγῶνα ἐκλελοιπότα haben bereits im J. 1837 von Fritzsche (de Lenaeis p. 52) ihre zutreffende Erklärung gefunden und sind in dem nämlichen Sinne nochmals 1883 von Rohde erläutert worden (Rh. Mus. XXXVIII. S. 276 ff.). Danach handelt es sich hier gar nicht um ein Wettspiel komischer Dichter, sondern lediglich um einen Wettkampf von Komödianten, d. h. Schauspielern in Komödien. Ein solcher Agon hatte bereits früher bestanden, war aber ausser Gebrauch gekommen und wurde nun durch Lykurg wieder neu eingeführt mit der Bestimmung, dass wer in diesem Wettkampf siegte, ohne weitere Prüfung (der sich die Anderen vorschriftsmässig unterziehen mussten) unter die Schauspieler aufgenommen wurde, die an den nächsten grossen Dionysien auftreten durften.

---

1) Auch in der Verrechnung der Hautgelder aus dem J. 33⁴/₃ CIA II 741 A frg. a Z. 10 und frg. b Z. 4, wo jetzt ἐγ Διονυσίων τῶν ἐπὶ Ληναίῳ geschrieben wird, erlaubt das Erhaltene ebensowohl die Ergänzung ἐπιληναίων.

2) Auch Hiller v. Gärtringen in Wissowa's Real-Enc. I. S. 2375 verfällt wieder in den alten Irrthum.

Davon unabhängig ist die andere Streitfrage, ob das Lenaion mit dem Dionysion in Limnai identisch ist¹).

Da ist es ja nun unzweifelhaft richtig, dass in der klassischen Litteratur des fünften und vierten Jahrhunderts, ebenso wie in den inschriftlichen Urkunden nirgends sich eine Aussage oder nur eine Andeutung findet, dass τὸ ἐν Λίμναις Διονύσιον die Stätte war, wo die Lenäen begangen wurden. Das Fest heisst entweder Λήναια (so schon Aristoph. Acharn. 1154) oder 'Επιλήναια (s. oben S. 40), der Agon ὁ ἐπὶ Ληναίῳ ἀγών (so gleichfalls schon Aristoph. Acharn. 504), die Procession ἡ ἐπὶ Ληναίῳ πομπή (so in dem Gesetz des Euegoros²) in der Midiana § 10). Ebenso wenig wird je als Stätte der Anthesterien das Lenaion bezeichnet.

Erst die Grammatiker, deren Gelehrsamkeit noch dazu oft recht verdünnt und entstellt die späteren Lexika und Scholien kennen lehren, wissen Folgendes zu melden³): a) Hesych. Λίμναι· ἐν Ἀθήναις τόπος ἀνειμένος Διονύσῳ ὅπου τὰ Λήναια ἤγετο. b) Schol. Aristoph. Acharn. 960 φησὶ δὲ Ἀπολλόδωρος (Fr. 27 bei MULLER FHG I S. 433) 'Ανθεστήρια καλεῖσθαι κοινῶς τὴν ὅλην ἑορτὴν ... καὶ αὖθις· ' ὅτε Ὀρέστης μετὰ τὸν φόνον εἰς Ἀθήνας ἀφικόμενος (ἦν δὲ ἑορτὴ Διονύσου Ληναίου), ὡς μὴ γένοιτο σφίσιν ὁμόσπονδος· und dann weiter die bekannte Stiftungslegende der Choen. (Hier bleibt es ganz ungewiss, von wem die Fassung der Worte ἦν δὲ ἑορτὴ Δ. Λ. herrührt, d. h. ob bereits Apollodoros sich so ausgedrückt hatte oder erst der im Scholion referirende Grammatiker).

Nun ist ja wahr, dass der Lenaios Dionysos, im Gegensatz zu dem Eleuthereus, ionischer Herkunft war, wie der Anthesteriengott; doch wäre es zu rasch geschlossen, deshalb beide Kultstätten als nothwendig identisch anzunehmen. Dazu kommt, dass ein Versehen hier sei es schon dem alten Grammatiker (auch Apollodoros) oder

---

1) Vgl. OEHMICHEN, 'Limnae, Lenaion' in Sitzber. der Münch. Akad., hist.-phil. Cl. 1889 S. 122 ff. (der sie beide trennen will); JUBEICH in Rhein. Mus. XLVII. S. 53 Anm. 1; DÖRPFELD in Ath. Mitth. XX. S. 368 ff. ('Lenaion').
2) Als echt erwiesen von FOUCART in der Revue de philol. I. (1877) p. 168 ff.
3) Die Notiz beim 3. Anon. de comoed. 8 p. XIV, 7 Dübn. τὴν αὐτὴν (κωμῳδίαν) δὲ καὶ τρυγῳδίαν φασὶ διὰ τὸ τοῖς εὐδοκιμοῦσιν ἐπὶ τῷ Ληναίῳ γλεῦκος ἐίδοσθαι möchte ich lieber nicht (mit WILAMOWITZ, Herm. XXI. S. 618 A. 1) in diese Reihe stellen, da sie sich mit der Schilderung bei Phanodemos Frg. 13 gar zu wenig berührt (so auch OEHMICHEN S. 126).

dem späteren Kompilator unterlaufen konnte. Denn der Gott in Limnai hiess ja Λιμναῖος, wie nicht bloss Kallimachos[1]) in der Hekale (Fr. 280) mit dem Verse 'Λιμναίῳ δὲ χοροστάδας ἦγον ἑορτάς᾿ bezeugt, sondern auch der Atthidograph Phanodemos (Frg. 14 bei Müller FHG I. S. 368 = Athen. XI. p. 465ᵃ) gerade bei Schilderung des Choenfestes aussagt. Eine Verwechselung des Lenaios und Limnaios war also leicht möglich.

Und in der Sache selbst liegen ja auch keine zwingenden Gründe, den Choen-Gott mit dem Lenaios zusammenzubringen: gewiss nicht (wie Dörpfeld, Mitth. XX. S. 369, meint) in der Schilderung des Charakters des Festes durch Kallimachos als χοροστάδες ἑορταί. Denn auch Phanodemos a. a. O. schildert ebenda, wo er Dionysos im Limnai-heiligthum als Λιμναῖος erklärt, das Treiben der Menge ἡσθέντες οὖν τῇ κράσει ἐν ᾠδαῖς ἔμελπον τὸν Διόνυσον χορεύοντες καὶ ἀνακαλοῦντες Εὖάν τε καὶ Διθύραμβον κτλ. Gar nicht zu gedenken der Erzählung bei Philostratos, Leb. des Apollon. IV, 21 p. 73, wo Apollonios' Erstaunen geschildert wird, als er erfährt, dass die Athener bei den Anthesterien αὐλοῦ ὑποσημήναντος λυγισμοὺς ὀρχοῦνται καὶ μεταξὺ τῆς Ὀρφέως ἐποποιίας τε καὶ θεολογίας τὰ μὲν ὡς Ὧραι, τὰ δὲ ὡς Νύμφαι, τὰ δὲ ὡς Βάκχαι πράττουσιν.

Eher könnte man darauf hinweisen, wie es geschehen ist[2]), dass der Heros Kalamites, dessen Heiligthum beim Lenaion lag (siehe unten) als 'Rohr- oder Schilf-Mann' in eine Sumpfgegend, wie sie die Λίμναι waren, vortrefflich passe. Doch bleibt — ganz abgesehen von dem Problematischen solcher Schlüsse — sehr fraglich, ob man überhaupt gut thut, diesen Heros mit Röhricht in Zusammenhang zu bringen[3]).

Wir wissen von seiner Existenz freilich lediglich aus Demosthenes XVIII 129, der sein Heiligthum eben nur gelegentlich erwähnt. Und die antiken Erklärungen dieser Demosthenes-Stelle, die uns in Scholien und Lexicis erhalten sind, bringen zwar eine aus guter Quelle stammende topographische Notiz bei[4]), aber zeigen im Uebrigen,

---

1) Die Belege s. Stadt Athen II. S. 272 Anm. 1.
2) Z. B. Curtius, Stadtgesch. v. Ath. S. 76; Lolling in Müller's Hdb. d. A. W. III. S. 323 Anm. 1.
3) Das thut auch Usener, Götternamen, S. 258.
4) S. unten S. 51.

dass die Grammatiker selbst gar nichts von dem Wesen dieses Heros wussten[1], sondern lediglich aus dem Namen riethen. Der Beiname selbst führt aber eher auf eine Vergleichung mit dem Monat Καλαμαιών[2], der in Milet und den milesischen Kolonien Kyzikos und Olbia vorkommt, und mit dem Fest Καλάμαια, das in Peiraieus und Eleusis[3] gefeiert wurde; beide werden in Zusammenhang mit der Demeter stehen und auf das Wachsthum des Getreidehalms (καλάμη) sich beziehen und so wird es sich auch mehr empfehlen, den Kalamites für einen Heros der Fruchtbarkeit als des Röhrichts zu halten. Eine dritte Deutung hat Roscher[4] vorgeschlagen: nach ihr soll er ein Heros der Chirurgie sein und seinen Namen von der Erfindung der Hohlsonde (κάλαμος) oder des Rohrschienens (καλαμοῦν) bei Arm- und Beinbrüchen tragen: und danach hat Hoerer[5] ihn mit dem ἥρως ἰατρός identificiren wollen. Für diese Auffassung jedoch wusste ich trotz der Ausführungen von Roscher a. a. O. nicht die geringste Analogie anzuführen.

Andererseits ist ja direkt bezeugt (bei Apollod. gegen Neaira 76) dass das ἱερὸν τοῦ Διονύσου ἐν Λίμναις, in dem sich die Stele mit dem Gesetz über die Basilissa neben dem Altar befand, nur einmal des Jahres geöffnet wurde, am 12. Anthesterion. Ist nun auch möglich auf Grund der Schilderung von Phanodemos (Frg. 13 bei Müller FHG I. S. 368 = Athen. X p. 437ᶜ) das τέμενος von dem eigentlichen ἱερόν zu trennen, so ist es doch schon misslich anzunehmen, dass gegen die Sitte der Altar im Tempel stand, und ganz undenkbar, dass die feierliche Procession an den Lenäen, die mit dem Gesetz des Euegoros auch Aristot. Ἀθ. πολ. 57, 1 erwähnt, und zwar als gemeinschaftlich vom Archon Basileus und den ἐπιμεληταὶ τῶν μυστηρίων ausgerüstet,

---

1) Bekker's An. Gr. I. S. 269, 7 Καλαμίτην ἥρωά τινά φασιν εἶναι τιμώμενον Ἀθήνησι. Schol. Patm. zu Demosth. a. a. O. in Bull. Corr. Hell. I. p. 142 ἥρως οὗτος Ἀθήνησι τιμώμενος ἤτοι ἐξ ἐπωνυμίας ἢ ἀπὸ καλάμων περαπεφυκότων (τῷ) ἱερῷ. (Betreffs der Wendung ἐξ ἐπωνυμίας vgl. z. B. dasselbe Lex. Seguer. bei Bekker a. a. O. p. 276, 14 Κυαμίτης ἥρως Ἀθήνησι καλούμενος ἤτοι κυρίως ἐξ ἐπωνυμίας.)
2) Vgl. die milesische Inschr. in Arch. Zeit. 1876 S. 128; die aus Olbia CIG II 2082, die aus Kyzikos CIG II 3663ᵃ.
3) Vgl. CIA II 473ᵇ Z. 9 (Add. p. 421); 477ᶜ Z. 9. 36 (IV pars II p. 123).
4) Jahrb. f. Phil. 1881 S. 671.
5) In Roscher's Mythol. Lex. II. S. 920.

bloss in das τέμενος gelangt wäre und vor dem verschlossenen ἱερόν Halt gemacht hätte. Es müsste also mindestens neben jenem uralten Heiligthum des Limnaios mit Altar noch eine zweite Kultstätte für den Lenaios vorhanden gewesen sein, wo auch das CIA II 834^b angeführte Opfer vom Basileus gebracht wurde.

Eine Erklärung erheischt ja auch der auffallende Ausdruck der älteren Zeit Διονύσια ἐπὶ Ληναίῳ (CIG I 157) oder ἐπιλήναια, πομπὴ ἐπὶ Ληναίῳ[1]): denn was sich, von den Schauspielen gesagt (ὁ ἐπὶ Ληναίῳ ἀγών Aristoph. Acharn. 504; ἐδίδαξεν ἐπὶ Ληναίῳ Plato, Protagor. p. 327^D) von selbst begreift und in bester Analogie z. B. zu den Termini τὸ ἐπὶ Δελφινίῳ, ἐπὶ Παλλαδίῳ δικαστήριον und ähnlichen steht, ist doch nicht ohne Weiteres auf das Fest selbst zu übertragen. Doch wage ich keinen bestimmten Vorschlag zur Deutung; was äusserlich am nächsten kommt, der Name des spartanischen Demeterfestes Ἐπικρήναια (Hesych.), bedarf ja selbst der Erläuterung, und nicht klarer ist die Bedeutung der Festlichkeiten ἐπὶ Σκίρῳ (Ἐπίσκιρα?) oder der auch Demeter gefeierten Ἐπικλείδια (Hesych.).

Von theilweise ähnlichen Erwägungen ausgehend, wie sie oben angestellt sind, ist DÖRPFELD a. a. O. zu einer nachträglichen Modifikation seiner Ansicht gelangt und schlägt nun vor, das Lenaion nicht als Heiligthum des Dionysos Lenaios, sondern als Kelterplatz (Platz der ληνοί) zu erklären oder den 'Tanzplatz bei den Keltern', auf dem die Chöre seit ältester Zeit am Feste des Gottes tanzten und sangen. Doch setzt er dies Lenaion in die Nähe des wiedergefundenen Bezirkes, des Dionysions in den Sümpfen, und meint, dass der hier verehrte Gott eben der Ληναῖος oder ἐπιλήνιος gewesen sei.

Das scheint mir ein Kompromiss, das nicht haltbar ist. Ist das Sumpf-Dionysion von dem Lenaion zu trennen, so ist irgend ein Grund für die Annahme der räumlichen Nähe der beiden Anlagen überhaupt nicht vorhanden; es wird dann auch der Limnaios (der Anthesterien) von dem Lenaios zu trennen sein: die Gründe, die hierfür sprechen, sind oben genügend erörtert. Auch geriethe man durch diese neue

---

[1]) Auch in der rhodischen Inschr. *Inscr. Gr. Ins.* I n. 125, die nur rhodische Spiele zu verzeichnen scheint (?), findet sich neben Λήναια (Z. 11) der Ausdruck ἐπὶ Ληναίῳ (Z. 5); oder muss man auch hier an Athen denken?

Hypothese in direkten Widerspruch mit dem bekannten Zeugniss der Grammatiker (Hesych. ἐπὶ Ληναίῳ ἀγών; Etym. Magn. p. 361, 39), das ausdrücklich in den Peribolos des Lenaions das Heiligthum des Dionysos Lenaios legt.

In Summa, will man sich über die nicht allzu schwer in's Gewicht fallenden zwei Grammatikernotizen (S. 42) hinwegsetzen, so bleibt die Möglichkeit offen, Lenaion von den Limnai zu trennen. Diese Möglichkeit würde sich zu einer Probabilität oder gar Gewissheit erhöhen, wenn von anderer (litterarischer oder monumentaler) Seite bedeutende Momente hinzukämen, die das Lenaion fern von Limnai anzusetzen riethen.

Ist uns anderweit eine einigermaassen sichere topographische Bestimmung des Dionysion ἐν Λίμναις möglich, natürlich abgesehen von dem Zeugniss des Thukydides? Nur Eins lässt sich sagen, das aber, wie ich glaube, mit Bestimmtheit. Das Heiligthum lag ausserhalb der Stadt. Das geht unwidersprechlich hervor aus der Bezeichnung der Διονύσια ἐν ἄστει, welche damals aufgekommen sein muss, als das Fest durch Peisistratos zwar wohl nicht erst eingeführt, wohl aber zum Hauptstaatsfest erhoben und mit dramatischen Aufführungen ausgestattet wurde[1]). Das Gedächtniss des ersten von Thespis 534 v. Chr. gewonnenen Sieges hat sich in der Chronik erhalten und ist uns durch das Marmor Parium vermittelt, wo es Ep. 43 heisst: ἀφ᾽ οὗ Θέσπις ὁ ποιητὴς (ἐφάνη) πρῶτος ὃς ἐδίδαξε (δρᾶ(μα ἐν ἄ)στ(ει κτλ. Den Gegensatz aber, der durch den Zusatz ἐν ἄστει hervorgehoben wird, kann nur ein anderes athenisches Fest bilden. Welches? Thukydides II. 15, 4 (an der oben ausgeschriebenen Stelle) nennt die Anthesterien als τὰ ἀρχαιότερα der Dionysosfeste; das kann einem oder mehreren Dionysosfesten gegenüber gesagt sein. Das andere, oder eines der anderen muss das grosse Hauptfest sein, das τὰ μεγάλα Διονύσια, später auch τὰ Διονύσια schlechtweg genannt wurde. Mithin lag die Stätte, an der die Διονύσια ἐν ἄστει begangen wurden, dort am Abhang, südöstlich der Burg, wo in früherer Zeit der bocotische Dionysos Eleuthereus seinen Kult gefunden hatte (bei der später das Theater gebaut wurde), 'in der Stadt', im Gegensatz zu den Λίμναι: die Limnai befanden sich

---

1) Vgl. Busolt, Gr. Gesch. II.² S. 347 ff.

folglich ausserhalb der Stadt. Diesem Schlusse weiss ich mich nicht zu entziehen. Er gilt ja zunächst nur für die Pisistratische Zeit, wo es sicher eine Stadtmauer gab[1]), diese jedoch, wie Thukydides (I 93, 2) bezeugt, nach allen Seiten einen geringeren Umfang des Stadtgebiets einschloss als der Themistokleische Mauerring. Genauer festlegen lässt sich der Zug jener vorthemistokleischen Mauer zwar nicht, aber gewisse Minimalforderungen sind nichtsdestoweniger unabweisbar. So kann es als sicher betrachtet werden, dass der Westabhang der Burg mit dem jetzt aufgedeckten alten Dionysosheiligthum und dem grossen Stadtbrunnen ebenso innerhalb des Ringes lag, als das Theatergebiet mit der Kultstätte des Dionysos Eleuthereus. Somit führt diese Erwägung zum anderen Male zu dem Ergebniss, dass das Limnai-Heiligthum nicht das neuaufgedeckte Dionysion sein kann.

Ob übrigens Limnai innerhalb des späteren Themistokleischen Mauerringes zu liegen kam, steht nicht so sicher als man es jetzt zu bezeichnen pflegt[2]). Da ich selbst[3]) diese Meinung hervorgerufen habe, bin ich doppelt verpflichtet, darauf hinzuweisen, dass aus der Stelle des Isaios VIII 35 das Gefolgerte keineswegs mit Sicherheit hervorgeht. Denn die Worte bei Isaios lehren in ihrem Zusammenhang (Κίρρων ἐκέκτητο οὐσίαν, ἀγρὸν μὲν Φλυῆσι, ... οἰκίας δ' ἐν ἄστει δύο, τὴν μὲν μίαν ... παρὰ τὸ ἐν Λίμναις Διονύσιον) mit voller Deutlichkeit, dass ἐν ἄστει, wie so oft bei den Attikern[4]), nur gesagt ist im Gegensatz zum Lande, hier zu dem Demos Phlya, also die

---

1) Vgl. Stadt Athen II. S. 238 Anm. 8. Auch die neuerdings von DÖRPFELD bei HARRISON and M. DE VERALL, Mythol. and monum. of Athens (1890) S. 21 aufgestellte Behauptung, dass vor Themistokles keine andere Mauer existirt habe als das Pelasgikon, steht in unlösbarem Widerspruch zu dem klaren Zeugniss von Thuk. I 89, 3 in Verbindung mit I 93. 2; auch an erster Stelle nimmt τοῦ περιβόλου βραχέα εἰστήκει nur das ἀνοικοδομεῖν τὰ τείχη (d. h. die Stadtmauer) auf und kann unmöglich auf das Pelasgikon bezogen werden.

2) Z. B. JUDEICH in Jahrb. f. Phil. 1890 S. 740.

3) Stadt Athen II. S. 273.

4) Belege sind eigentlich unnöthig; man vgl. aber z. B. Demosth. XX 12; XXXIV 37; LII 8 (wo ἄστυ im Gegensatz zum Peiraieus, ebenso wie bei Aeschin. I 209, steht) oder XLIV 18 (im Gegensatz zu Salamis), oder XLII 7 (im Gegensatz zur ἐσχατιᾶ, dem Landgut draussen; ebenso Aeschin. I 98 und 105), oder LV 17 (ganz allgemein εἴτ' ἐν ἀγρῷ εἴτ' ἐν ἄστει) u. s. f.

Kapitale als solche bezeichnet wird, ganz gleichgültig ob das Haus innerhalb oder ausserhalb der Stadtmauer lag [1]).

Dann hat man natürlich versucht, ein Gebiet zu finden, das zur Versumpfung neigt und so den Namen Λίμναι zu tragen berechtigt ist. Wirklich haben wir bei den λίμναι an veritable Sümpfe zu denken und nicht an 'brunnenartige Wasserbehälter', die zuweilen auch λίμναι genannt werden [2]. Das würde schon der bekannte Chorgesang der Frösche bei Aristophanes (Fr. 215 ff.) lehren: sie stimmen ein Lied an, das sie schon einmal am Chytrenfest in ihrem Haine (κατ' ἐμὸν τέμενος) in Limnai ἀμφὶ Νυσήιον Διὸς Διόνυσον haben ertönen lassen. An der Realität quakender Frösche [3]) in den Λίμναι ist also nicht zu zweifeln und Διόνυσος ἐν Λίμναις tritt neben ἡ̃ ἐν γύαις in dem Opferkalender der Epakrier (bei PROTT, Fast. sacr. Gr. p. 48) B Z. 10, 'die Ge im Saatfeld'.

Doch hat auch dieser Weg bisher nicht zum Ziele geführt. Auf die Gegend zwischen dem Peribolos des Olympieions und dem Militärkrankenhaus rieth man früher in Anlehnung an die Aufzählung bei Thukydides. Und hier bezeugte ein Grieche, der lange Jahre in Athen gelebt hatte, das Vorhandensein von Schilfrohr noch heutigen Tages [4]). Gegenwärtig ist es hier nirgends mehr zu sehen und die geologischen Autoritäten sind sogar unter einander uneins, ob die dortige Gegend je sumpfig gewesen sein könne [5]). Auch hat man noch darauf hingewiesen, dass in dieser Gegend das Heiligthum des Neleus lag

---

1) Man ging sogar so weit, Athen im Gegensatz zu anderen Städten ἄστυ zu nennen; so z. B. Philodem. rhet. I p. 90, 34: οἱ ἐν ἄστει σχολάζοντες, (die athenischen Philosophen im Gegensatz zu den rhodischen), offenbar in demselben Sinne, in dem Isokrates XV 299, XVI 27 Athen als τὸ ἄστυ τῆς Ἑλλάδος betrachtet wissen wollte. Selbst officiell heisst es CIA III 291 Φαιδυντοῦ Διὸς 'Ολυμπίου ἐν ἄστει im Gegensatz zu Φαιδυντοῦ Διὸς ἐκ Πείσης (CIA III 283).

2) Vgl. TSUNTAS in Ἑστία 1894 S. 97; DÖRPFELD in Mitth. XX. S. 186.

3) Dass diese quakenden Frösche in den athenischen Limnai speciell den Namen λάλαγες geführt hätten, hat man aus Hesych. u. d. W. λάλαγες (oder λάσαγγες) entnehmen wollen: aber schon die Fassung der Worte χλωροὶ βάτραχοι περὶ τὰς Λίμνας, οὓς ἔνιοι κεμβέρους zeigt, dass nicht das Nomen proprium, sondern einfach λίμνας zu schreiben ist. Ich habe das schon Stadt Athen II S. 272 Anm. 1 kurz bemerkt und wiederhole es, weil die Glosse ruhig weiter unter den Zeugnissen für das attische Limnai zu fungiren fortfährt.

4) Pervanoglu im Philologus XXIV. S. 459.

5) LEPSIUS leugnet es, BÖCKING bejaht es; vgl. Rhein. Mus. XLVII. S. 59.

und bei ihm das Vorhandensein eines Entwässerungsgraben urkundlich bezeugt ist¹).

Ich möchte in dieser Beziehung nur bemerken, dass man nicht sowohl an die Gegend des Militärhospitals wird denken dürfen, sondern ein gut Stück weiter, nach Südosten, in die Nähe des Ilissos, gehen müssen, dessen Lauf sich ja hier vielfach geändert hat. Aber in der sehr geringen Senkung des Flussbettes liegt es begründet, dass leicht, wenn das eingesickerte Wasser wieder zum Vorschein kommt, sumpfähnliche Lachen sich bilden²).

Auch DÖRPFELD³) hat für seine Ansicht geltend gemacht, dass unterhalb des Stadtbrunnens ein sumpfiger Ort gewesen sein müsse, wie sich in den Dörfern des heutigen Griechenlands unterhalb der Dorfbrunnen Sümpfe zu bilden pflegen, und dass in dieser wasserreichen Gegend an der tiefsten Stelle der Thalmulde durch die natürlichen Verhältnisse Sumpfbildung unvermeidlich gewesen sei, bevor die nöthigen Abflussleitungen angelegt waren. Die Analogie der jetzigen griechischen Dörfer hat für die klassische Zeit Athens allerdings keine überzeugende Kraft: ich glaube vielmehr, dass, wenn nicht schon von Peisistratos, dessen Leistungsfähigkeit in Wasserbauten uns ja die grosse Leitung jetzt unmittelbar vor Augen stellt, so doch spätestens in Perikleischer Zeit für die nöthige Entwässerung in dieser frequenten Gegend gesorgt war; und doch bestehen die Limnai sicher noch zur Zeit der Frösche des Aristophanes.

Eine Entscheidung kann mindestens auch aus diesem Argument nicht entnommen werden.

Nun hat jedoch DÖRPFELD seiner Ansetzung des Limnaiheiligthums noch zu Hülfe kommen wollen durch den topographischen Nachweis, dass auch jene anderen drei Heiligthümer, die Thukydides anführt, in der Nachbarschaft lagen.

Er geht aus vom Pythion, das er in der Grotte des Apollon

---

1) Vgl. CIA IV, Suppl. zu I (Heft 2) N. 53ᵃ, wo ein paar Mal ἡ τάφρος erwähnt wird; vgl. Curtius, Stadtgesch. S. 76 und Sitz.-Ber. d. Berl. Ak. 1885 S. 441 = ges. Abh. I. S. 462 f. Die Annahme, dass dieser Graben das Regenwasser habe aufnehmen sollen (Lolling a. a. O. S. 322 A. 3), ist durch den Wortlaut der Inschrift nicht zu begründen.
2) S. Arch. Anz. 1895 S. 112.
3) Mitth. XX. S. 187.

Hypakraios ansetzt. Dass diese Kultstätte jo den Namen Pythion geführt, ist nicht erweislich. Der bekannte Vers des Euripides, Ion V. 285: τιμᾷ σφε (nämlich die Μακραί genannten Felsen des nordwestlichen Burgabhangs) Πύθιος ἀστραπαί τε Πύθιαι; ist jedenfalls verdorben, wie der metrisch unzulässige Anapaest im 3. Fuss[1]) zeigt; und einen bestimmten Kultnamen der Grotte kann man aus dieser Dichterstelle unmöglich entnehmen. Auch das Heiligthum des Patroos, das doch dem Pythier galt, heisst ja nie Pythion. Das Pythion aber, bei dem Philostratos (vit. soph. II 1, 5) die Ruhestation des Panathenäenschiffes ansetzt, kann diesen Beweis allein ebenso wenig erbringen, zumal gegründete Bedenken bestehen, ob hier τὸ Πύθιον nicht korrupt ist, wenn auch eine überzeugende Emendation noch nicht gefunden wurde[2]).

Das Olympion wird dann neben der Apollongrotte angesetzt, weil Strabo IX p. 404 erwähnt, dass auf der Mauer μεταξὺ τοῦ Πυθίου καὶ τοῦ Ὀλυμπίου die ἐσχάρα τοῦ ἀστραπαίου Διός lag, von der aus man die Blitze über dem Harma bei Phyle beobachtete. Aber was Strabo unter τὸ Ὀλύμπιον versteht, sagt er selbst ganz unzweideutig, indem er bei seiner ganz flüchtigen Beschreibung Athens doch stark hervorhebt (IX p. 396) τὸ Ὀλύμπιον, ὅπερ ἡμιτελὲς κατέλιπε τελευτῶν ὁ ἀναθεὶς βασιλεύς (d. h. Antiochus IV Epiphanes): und namentlich galt ja dieser kolossale, wenn auch nur halbfertige Bau geradezu als ein Wahrzeichen der Stadt. Vielmehr kann mit Bestimmtheit angenommen werden, dass Strabo nur dieses Ὀλύμπιον auch an der anderen Stelle gemeint haben kann. Es gab überhaupt nur eins, und wenn Dörpfeld meint, Platon im Phädrus p. 227 B erwähne das von ihm supponirte ältere Olympion, weil er es ἐν ἄστει ansetze, so lehrt auch hier der Zusammenhang, dass ἐν ἄστει nur im Gegensatz zum Peiraieus gesagt ist, wo Lysias Haus und Fabrik hatte und deshalb sich gewöhnlich aufhielt[3]). Noch dazu liegt in der Ilissos-Gegend ja wirklich — wie

---

1) S. Enthoven, De Ione fabula (1880) p. 24.
2) Πειθοῖον und Πλουτώνιον (Löscher, Enneakr. S. 14) sind vorgeschlagen; manches Andere z. B. Κολώνειον wäre ebenso möglich. Vielleicht darf man aber in Erinnerung an die ἐννέα πύλαι bei Polemon (schol. Soph. Oed. Col. 489), da Πελασγικόν vorausgeht, wagen τὸ Ἐννεάπυλον (in Analogie mit τὸ τετράπυλον, τὸ ἑξάπυλον), was θ' πυλον geschrieben in πύθιον leicht geändert werden konnte.
3) S. Stadt Athen II. S. 155 Anm. 5.

wir aus Pausanias' Periegese erfahren und jetzt selbst mit Augen sehen — das Pythion neben dem Olympieion. Die Blitze über dem Harma konnte man aber hier wie dort sehen.

Gewiss gab es endlich auch ein Heiligthum der Ge unmittelbar vor dem Burgthore. Doch war ihr Kultname Kourotrophos, der wiederholt sogar allein erscheint (ohne Γῆ) und sie wurde hier zusammen mit der Demeter Chloe verehrt: dass wir also gerade sie als die von Thukydides gemeinte herausgreifen sollen, lässt sich nicht wahrscheinlich machen.

Die zweite Frage wäre, ob wir für das Lenaion speciell (abgesehen von seiner möglichen Identität mit dem Limnaiheiligthum) bestimmte topographische Zeugnisse besitzen[1].

Von dem Allgemeinen auszugehen, so käme zunächst wieder die Bezeichnung der Dionysia ἐν ἄστει in Betracht. Die Lenäen sind zwar nachweisbar[2]) erst viel später mit dramatischer Aufführung ausgestattet (kaum vor Anfang des peloponnesischen Krieges). Als Fest müssen sie aber doch sehr viel älter gewesen sein, da der Kult des Lenaios bei den Ioniern sehr verbreitet war, und wenn auch mit unseren Mitteln nicht zu entscheiden ist, wann sie ein eigentliches Staatsfest geworden sind, so spricht doch die Stellung, die der Basileus zu ihnen einnimmt (Arist. 'Aθ. Πολ. 57, 1), für höheres Alter; und es könnte dann in der Bezeichnung Διονύσια ἐν ἄστει, als sie aufkam, auch ein Gegensatz zu den Lenäen liegen, so dass auch das Lenaion für die älteste Zeit ausserhalb der Stadt gewiesen würde[3]).

Sodann besitzen wir scheinbar ein bestimmtes Zeugniss für die Lage innerhalb der Themistokleischen Stadtmauern bei Hesych. ἐπὶ Ληναίῳ ἀγών· ἔστιν ἐν τῷ ἄστει Λήναιον περίβολον ἔχον μέγαν κτλ.[4]).
Doch glaube ich auch hier das Zweideutige des Ausdrucks betonen zu müssen; denn die Glosse erhält ihre Erläuterung durch die ver-

---

1) Ausser der schon angeführten Litteratur kommen hier noch in Betracht die verschiedenen Vermuthungen von MAASS, de Lenaeo et Delphinio (1891) p. 9 ff. und Orpheus (1895) S. 51ff., JUDEICH im Rhein. Mus. XLVII. S. 53 ff., die ich oben schon kurz notirte.
2) Vgl. WILAMOWITZ im Herm. XXI. S. 614.
3) So WILAMOWITZ a. a. O. S. 616. 620, der zuerst richtig erkannt hat, dass der Gegensatz zu den Διονύσια κατ' ἀγρούς nicht in Betracht kommt.
4) So WILAMOWITZ im Hermes XXI. S. 618 Anm. 1.

schiedenen Parallelglossen (Et. Magn. ἐπὶ Ληναίῳ, Phot. Λήναιον u. s. f.); und wie Et. M. und Phot. statt ἐν τῷ ἄστει gleichmässig Ἀθήνῃσιν bieten, so braucht auch das ἐν ἄστει des Hesychius keinen anderen Sinn zu haben, als das Ἀθήνῃσιν jener (s. oben S. 47). Von topographischen Zeugnissen giebt es für das Lenaion nur noch eins. Wir lesen bei Hesych. u. d. W. Καλαμίτης ἥρως· τῷ Ληναίῳ πλησίον und im Patmenser Schol. zu Demosth. XVIII 129 [1]) Καλαμίτης ἥρως· ἥρως οὗτος Ἀθήνῃσι τιμώμενος ... τὸ δὲ ἱερὸν αὐτοῦ ἐστι πρὸς τῷ Ληναίῳ [2]). Das führt zunächst nicht weiter; da aber Demosthenes a. a. O. die Stätte des Treibens der Mutter des Aischines mit den Worten ἐν τῷ κλεισίῳ τῷ πρὸς τῷ Καλαμίτῃ ἥρωι bezeichnet und zu der Demosthenes-Stelle in den Patmenser Scholien sich auch die Bemerkung findet: κλισίον· τὸ οἴκημα τὸ μεγάλας ἔχον θύρας ἐν ἀγορᾷ, hat Dörpfeld [3]) auch die Lage des Lenaions auf dem Markte erschliessen zu dürfen geglaubt. Diese Kombination bedarf, um überzeugend widerlegt zu werden, doch einer etwas eingehenderen Würdigung als des spöttischen Ausrufs, der ihr an der einzigen Stelle, die bisher darauf replicirte, zu Theil geworden ist.

Was das Wort κλεισίον bei den Attikern bedeutet, kann nicht zweifelhaft sein: es ist ein mit breitem, doppelflügeligem Thor versehener Schuppen für Wagen und Zugvieh: darin stimmen alle Grammatikerzeugnisse überein. Ich führe nur die beiden Hauptstellen an: Pollux IV 125 ἔστι μὲν (κλίσιον) σταθμὸς ὑποζυγίων καὶ αἱ θύραι αὐτοῦ μείζους δοκοῦσι, καλούμεναι κλισιάδες· πρὸς τὸ καὶ τὰς ἁμάξας εἰσελαύνειν καὶ τὰ σκευοφόρα; Eustath. zur Odyss. ω. 208 p. 1957,53 ed. Rom. παρὰ μέντοι Ἀττικοῖς τὸ κλίσιον ἁμαξῶν καὶ ζευγῶν ἐστι δεκτικόν· ὃ λέγεται τοὺς Ῥωμαίους παρὰ τὴν στάσιν 'στάυλον' (*stabulum*) καλεῖν.

Ein derartiger Stall oder Schuppen war es, in dem die Dreissig den Leichnam des widerrechtlich umgebrachten Polemarchos ausstellen liessen (Lys. XII 18); mit einem ähnlichen Gelass muss sich

---

1) Bull. de Corr. Hell. I. p. 142.
2) Im Cod. Λιναίῳ. So ist auch bei Hesychius Ληναίῳ gesichert, während der Codex nur λῃνω bietet, was man früher auch in ἠλυσίῳ oder κλισίῳ verändert hatte.
3) Ath. Mitth. XX. S. 185.

die bettelarme Nätherin begnügen, die Antiphanes in der 'Ακέστρια mit den Worten (bei Pollux a. a. O.) schildert:

τὸ κλεισίον,
ὃ πρότερον ἦν τοῖς ἐξ ἀγροῦ βουσὶ σταθμός
καὶ τοῖς ὄνοις, πεποίηκεν ἐργαστήριον.

Nicht anders wird also auch das Lokal beschaffen gewesen sein, in dem die Mutter des Aeschines nach der berüchtigten Schilderung des Demosthenes ihr 'horizontales Handwerk' betrieb[1]). Nun liegt es nahe, anzunehmen, dass hier vielmehr Anwendung leide eine specielle Weiterentwickelung des Begriffs, die genau so wie bekanntlich bei dem schon von Eustath. in Parallelo gezogenen lateinischen *stabulum* auch bei κλισίον sich vollzogen zu haben scheint, nämlich die, dass es einen Ausspann bedeutet, in dem auch die Menschen Unterkunft fanden (vgl. Hesych. a. d. W. κλισίον· πανδοχεῖον). Eine solche Herberge, in der z. B. auch das gewöhnliche Schiffsvolk verkehrte, würde sich für das lüderliche Gewerbe der Glaukothea vorzüglich eignen und auch veranschaulichen, wie sie der Schiffspfeiffer Phormion, der sie aus diesem Treiben riss, kennen lernte. Doch können wir es auch ruhig bei der gewöhnlichen Bedeutung des Wortes bewenden lassen.

Dagegen erhalten wir durch die Scholien zu der angeführten Demosthenes-Stelle keine genauere Auskunft über den Sinn des Wortes bei dem Redner: in den gewöhnlichen Scholien ist nämlich τῷ κλισίῳ umschrieben mit τῷ προστώῳ und in dem alten Codex Palatensis ist die oben schon angeführte Erklärung gegeben: κλίσιον· τὸ οἴκημα, τὸ μεγάλας ἔχον θύρας ἐν τῇ ἀγορᾷ. Beide Auslegungen bedürfen vielmehr erst selbst wieder der Erläuterung und erhalten sie, wenn man sie als allgemeine Grammatikererklärungen der Glosse κλίσιον erkennt[2]). Dadurch allein wird auch die bei einer topographischen Notiz geradezu abenteuerliche Fassung mit dem

---

[1]) A. a. O. ἡ μήτηρ τοῖς μεθημερινοῖς γάμοις ἐν κλεισίῳ τῷ πρὸς τῷ Καλαμίτῃ ἥρωι χρωμένη.

[2]) Dass sich die Erklärung der Scholien speciell gerade auf das von Demosthenes a. a. O. erwähnte κλισίον beziehe, d. h. das Gedächtniss an diese obscure Spelunke erhalten habe, wäre von vornherein eine Annahme, deren Unwahrscheinlichkeit nur noch durch die weitere übertroffen würde, dass sich diese auserlesene Gelehrsamkeit in unsere Demosthenes-Scholien gerettet haben sollte.

bestimmten Artikel τὸ begreiflich: bei Glossen ist diese Fassung sogar die Regel.

Wir wissen ja, dass die alten Grammatiker sich in verschiedener Weise bemühten, das attische κλεισίον zusammenzubringen oder zu vergleichen mit dem Homerischen Wort κλίσιον, das einmal in der Odyssee (ω. 208) vorkommt, nämlich bei der Schilderung von der Meierei des Laertes draussen 'auf dem Lande, fern der Stadt'; ἔνθα οἱ οἶκος ἔην, περὶ δὲ κλίσιον θέε πάντῃ. Einen vollen Einblick in diese Grammatikerstudien gewährt die breite Auseinandersetzung des Porphyrius zur Ilias I 90 (vgl. auch Apollon., lex. Hom. u. d. W. κλίσιον); sie spiegeln sich auch in den rhetorischen Lexicis wieder. Eustath. a. a. O. ἐν δὲ ῥητορικοῖς λεξικοῖς κεῖται καὶ ταῦτα· κλείσιον· 'θυρῶν ἐν ᾧ καὶ ζεύγη ἵσταται' καὶ κλεισιάς· 'αὔλειοι πυλῶνες, πλατεῖαι θύραι δι' ὧν καὶ ζεύγη εἰσέρχονται'. Ἀμερίας τὸ πρόστῳον ἴσως παρὰ Ἴωσιν ὡς καὶ Ὅμηρος (ω. 208)· 'περὶ δὲ κλίσιον θέε πάντῃ', παρὰ δὲ Ἀττικοῖς κλεισίον μέγας θυρών; vgl. das rhetorische Lexicon bei Bekker, An. Gr. I. p. 272, 13 κλισίας (vielmehr κλίσιον)· πᾶς μέγας θυρών παρὰ τὰς κλισιάδας αἵπερ εἰσὶ μεγάλαι θύραι; Hesych. κλίσιον· προστάς, πρόστῳον καὶ βουστάσις καὶ εἴσοδος· ἔνιοι τὰς τοῦ πυλῶνος θύρας πλατείας, εἰς ἃς δύναται ζεῦγος βοῶν εἰσελθεῖν (Phot. κλισιάδες· αἱ μεγάλαι θύραι τῆς αὐλῆς, δι' ὧν ζεῦγος εἰσελαύνεται) u. s. w.

Auch die beiden Demosthenes-Scholien beruhen auf einer Gleichsetzung des homerischen κλίσιον mit dem attischen κλεισίον. Unmittelbar an Amerius (s. oben, vgl. auch Hesych. a. a. O.) erinnert die Umschreibung τῷ προστῴῳ. Und wenn in dem Patmensis ausser den in den Lexicis gewöhnlichen Worten sich noch die Worte ἐν τῇ ἀγορᾷ finden, so wird es nun in die Augen springen, dass sie verschrieben (vielleicht nur verlesen) sind für ἐν τῷ ἀγρῷ[1]). Eben auf dem Lande befindet sich ja das Homerische κλίσιον, wie das die Beschreibung des Dichters in aller Deutlichkeit hervorhebt und die Grammatiker, z. B. Dorotheos Askalonites, der besonders ausführlich über das Wort gehandelt hatte, bei Porphyr. a. a. O., ausdrücklich betonen; während die attischen κλεισία ja zwar naturgemäss mehr auf dem Lande als in der Stadt zu finden, jedoch auch in der Stadt

---

1) So z. B. auch Geopon. Gr. II 47, 1; gewöhnlicher ohne Artikel ἐν ἀγρῷ.

keineswegs ausgeschlossen sind, namentlich in den vorstädtischen
Theilen gewiss häufig genug vorkamen.

Die Besorgniss, die ich gleich bei dem ersten Bekanntwerden
der Scholien hegte, man könne diese Glosse zu topographischen Folgerungen verwerthen, indem man die vermeintlich bezeugte Lage
des χλεισίον am Markte in Athen zusammenbrächte mit der wirklich
bezeugten Lage des Heroon des Kalamites am Lenaion, hat sich nun
doch noch als nicht überflüssig herausgestellt. Freilich fürchtete ich
damals, dass man die Kombination für den 'Altmarkt' im Süden der
Burg ausnutzen würde: das ist, soviel ich weiss, wenigstens öffent-
lich nicht geschehen. Jetzt aber ist das Scholion herangezogen zum
Erweis der Lage des Lenaions an der Agora des Kerameikos: auch
eine derartige Verwendung ist jedoch unzulässig.

Sonst sind eine Reihe von Vermuthungen aufgestellt[1]), die ich
nun wohl übergehen darf.

Fassen wir endlich alles zusammen, so kann man gegen die
Annahme, dass das Lenaion draussen neben dem uralten Hieron des
Dionysos in Limnai lag, etwas Durchschlagendes nicht einwenden
und man hat — falls es auch noch ausserhalb des Themistokleischen
Mauerringes blieb — noch den Vorzug, dass dann, als die dramatischen Aufführungen ἐπὶ Ληναίῳ neben die ἐν ἄστει traten, ein
korrekter lokaler Gegensatz mit den beiden Termini bezeichnet wird.
Doch liegt ja die Möglichkeit vor, dass das seit Themistokles nicht
mehr zutrifft[2]) und man müsste diese Inkorrektheit, die freilich immer
etwas anstössig bleibt, nothgedrungen so erklären, dass eben die
von Alters her gebrachte Bezeichnung der grossen Dionysien bei-
behalten wurde, auch als sie gegenüber den Lenäen nicht mehr ein
unterscheidendes Merkmal abgeben konnte. Diese Auffassung könnte
man ja aber auch zu Gunsten der Annahme geltend machen, dass
das Lenaion ursprünglich gar nicht mit in Betracht gezogen sei, dass
es von Anfang an in der Stadt gelegen habe und wirklich das neu-
gefundene 'Dionysion' sei. Diese Möglichkeit wird man also, wenn

---

[1]) S. Mitth. XX. S. 160; wozu noch Maass, Orpheus S. 61 und Anm. 71, kommt.

[2]) Das müsste man auch annehmen, wenn man mit Wilamowitz die Nachricht, das Lenaion befinde sich ἐν ἄστει, im engeren Sinne auffasst.

gleich mit grosser Reserve, frei halten dürfen und bei ihr käme dann ja die alte Kelter des Platzes zur vollen Geltung.

Zieht man aber die erste Alternative als die sicherere vor, so bliebe für das neue Hieron eine Benennung ganz unmöglich.

Selbst das würde nicht befremden dürfen. Eben Dörpfeld's Ausgrabungen haben ja gelehrt, wie wenig wir von der Fülle der Heiligthümer, die Athens Boden bedeckten, wirklich wissen: wer hätte denn vorher eine Ahnung davon gehabt, dass Athen nicht bloss ein Asklepieion am Südabhang der Burg, sondern auch eins an deren Westabhang besass, wie wir jetzt wissen?

Nur Eins darf nicht verschwiegen werden. Dass die dramatischen Aufführungen auch der Lenäen, seit es ein festes Theater gab, in diesem aufgeführt wurden, wird man begreiflich finden: dass aber das ganze Fest der Lenäen selbst, deren Fortexistenz ja bis mindestens Ende des zweiten nachchristlichen Jahrhunderts gesichert ist [1]), an einen anderen Ort übersiedelte, das anzunehmen entschliesst man sich nicht so leicht. Und doch wäre, wenn wirklich das von Dörpfeld aufgedeckte Heiligthum das Lenaion wäre, diese Annahme nöthig, wie der Stand der Verschüttung lehrt.

Also wenn auch eine schwache Möglichkeit, das Lenaion festzuhalten, bleibt, gross ist sie nicht und immer besteht sie nur für den Fall, dass wir richtig das Lenaion vom Limnaiheiligthum trennen. Für das Limnaiheiligthum aber kann und muss es bestimmt als ausgeschlossen bezeichnet werden, dass es am Westabhang der Burg lag.

---

1) CIA III 1160 βασιλεύς ... ἐπετέλεσεν τὸν ἀγῶνα τῶν Ληναίων καὶ ἑστίασε τοὺς συνεφήβους καὶ τοὺς περὶ τὸ Διογένειον πάντας; vgl. auch MAASS, Orpheus S. 58 f.